Paddy Schmidt

FAR AWAY

Mit der Harley zum Nordkap

Bibliografische Information der Deutschen Nationalbibliothek:

Diese Publikation ist in der Deutschen Nationalbibliografie verzeichnet; detaillierte bibliografische Daten sind im Internet abrufbar über http://dnb.dnb.de

Paddy Schmidt

FAR AWAY - Mit der Harley zum Nordkap

ISBN 978-3-7322-3549-0

Text, Umschlaggestaltung, Satz & Layout : Paddy Schmidt
Fotos: Paddy Schmidt und Andreas »Andrew« Fridrich

Die Bilder in diesem Buch sind aus dramaturgischen und kompositorischen Gründen in schwarz-weiß gehalten. Fotos in den Originalfarben und in höherer Auflösung sind zu finden auf http://www.paddy.de

Kapitel	Seite

Kopfkino

Nordkap! Das Wort hat einen ganz besonderen Klang in der Szene. Ich weiß nicht mehr genau, wann ich zum ersten Mal vom sagenhaften Nordkap gehört habe. Wahrscheinlich nicht zu meiner Mofa-Zeit. Aber ich erinnere mich an eine Zusammenkunft Gleichgesinnter auf irgendeinem Motorradtreffen - lang ist es her. Damals wurden viele Harley-Biker von den anderen Kradfahrern oftmals »Rocker« genannt. Zuerst redeten kleine Grüppchen wild durcheinander. Als einer der älteren Rocker seine Stimme erhob, um von seiner Tour zum Nordkap zu erzählen, verstummten plötzlich alle anderen Gespräche. Wie er da stand, mit leuchtenden Augen und die Meute lechzend nach Weisheiten an seinen Lippen hing, das war schon beeindruckend. ER ist am Nordkap gewesen! Damals kam es mir vor, als ob dort oben der König der Feuerstuhltreiber auf seinem eisernen Globus-Thron regiert und mit feuerspeiendem Thorhammer den Zugang der Nordkaphalle bewacht. Nur die Besten der Besten dürfen wagen zu hoffen, die Nordlandweihen zu empfangen. Die Elite der harten Harley-Rabauken, die vom König mit einem ölverschmierten Lappen zu Rittern des Nordkaps geschlagen wird, um aus den Zylinderköpfen zerschmetterter Japanbikes das Polarmet zu trinken. Eisheiliger Boden. Mekka des Nordens. Orden der Polarpistenbrecher. Hort der mit Eis Gesalbten. Geheimbund der Geheimniskrämer. Und so weiter. Warum zieht es die zweirädrige Zunft wie Pilger auf den Jakobsweg an die Nordspitze Europas? Wer oder was um alles in der Welt löst die Faszination Nordkap aus?

Ich weiß es selbst nicht und bin genauso vom Mythos befallen. Wie alle anderen Motorradbegeisterten habe auch ich stets das große Ziel vor Augen gehabt, einmal auf dem eigenen Ofen ans Nordkap zu reisen. Schuld daran sind die Bikers News, das sogenannte Zentralorgan der deutschen Rocker-Szene, ferner der selige Zweiradjournalist und Nordkapreisende Oluf Zierl, die Kraftradschmiede Harley-Davidson und viele andere. Ich habe die Berichte in den Fachzeitschriften geradezu verschlungen, es löste einen unerklärlichen Fernweh-Impuls in mir aus, wenn auf den Umschlagseiten nur das nackte Wort »Nordkap« abgedruckt war. Irgendwann werde auch ich es schaffen, dort hin zu fahren! Durch an sich banale und haarsträubende Erlebnisse und Benzingespräche am Rande von Motoradtreffen wurde ich immer wieder daran erinnert. Als junger Fuchs nach meinem Traumziel befragt, habe ich einmal unbefangen erwähnt, dass ich gern auch mal zum Nordkap fahren würde. Ein alter Nordlandplatzhirsch fühlt sich bei seiner Ehre gepackt und ein verbaler Schlagabtausch folgt: »Du willst zum Nordkap? Pah! Dummes Gerede. Die warten da gerade auf Dich. Weißt Du überhaupt, was Du dafür alles brauchst? Das hast Du nicht. Das schaffst Du nie. Sprich nie wieder vom Nordkap. Du doch nicht. Du weißt gar nichts!« Abfällige Handbewegung des Älteren. Niemand widerspricht. ER darf das, ER war schon da, ER hat das Gelobte Land geschaut. Harleyluja!

Wer wartet dort? Was braucht man dafür? Warum muss man als »richtiger Biker« am Nordkap gewesen sein? Warum bekommt man auf diese Fragen keine vernünftige Antwort? Vielleicht sind es gerade diese Mysterien und unausgegorenen Halbwahrheiten, die das Nordkap zu einem magischen Ort des V-Motors erheben und die Straßen durchs Nordland zum heiligen Motorradfahrerparadies verklären. Nicht zu vergessen die Phrasen der Wichtigtuer, die sich beeilen zu erklären, dass sie bei nächster Gelegenheit die Tour fahren werden, es gehe nur jetzt gerade nicht. Genau wie die Verweigerer, die nicht müde werden, zu behaupten, man müsse nicht da oben hin fahren. Sie alle tragen zum Mythos Nordkap bei und machen das Thema interessant. Weil sie ständig darüber reden. Warum tut ein Mensch sich das an?

Wo holt sich jemand Anregungen, der zum Nordkap fahren möchte? In Reiseführern und im Internet natürlich. Letzteres fördert bei expliziter Suchrecherche nach »Nordkap Motorrad« ca. 600 Treffer zutage. Das ist nicht viel. Ein Konglomerat allgemeiner Anfragen oder unreflektierter Aussagen von ebenfalls Suchenden in bestimmten Foren. Ein Interesse am Thema ist also da, es wird allerdings nur unzureichend befriedigt, denn auf der Habenseite stehen wenige Nordkapfahrer, die ihre Tour ins weltweite Netz stellen. Der Inhalt der meisten dieser Internetseiten ist allerdings dürftig. Es handelt sich oft um eine Aufzählung von Banalitäten. Beschreibung der eigenen Kilometerleistung, des Preises der Hütten, des Benzins, des Essens, des Bieres und so weiter. Obligatorische Bilder von den Unterkünften, der Motorräder und eventuellen Besäufnissen dürfen nicht fehlen. Das Königsportrait von der Besteigung des Nordkapdenkmals nicht zu vergessen. Das gehört ja auch alles dazu. Aber wo ist die Beschreibung der Tour, der Landschaften, Schilderungen von Begegnungen mit Mensch und Tier? Erzählungen von Erlebnissen auf der Landstraße? Wo sind die Versuche,

Gedanken, die beim Fahren im Hirn kreisen, zu sortieren und dem Interessierten zu erklären? Was hat den Fahrer dazu gebracht, dorthin zu reisen? Warum platziert jemand die spärlichen Infos seiner Nordkaptour im Internet, wenn er eigentlich nichts zu erzählen hat?

Natürlich gibt es Ausnahmen und auch informative und ansprechende Seiten im Netz. Ich finde hervorragende und aktuelle Reiseliteratur über die skandinavischen Länder im Buchladen, jedoch nur wenige Bücher über Kraftradtouristen, die zum Nordkap gefahren sind und ihre Motive anschaulich schildern können. Gut gefallen hat mir in diesem Zusammenhang das Buch »Weltreise light« von Thomas Sydow.

Ich habe nicht den Anspruch, es besser zu machen. Ich möchte aber den Versuch starten, zu erklären, was mich zum Nordkap treibt. Die Eindrücke meiner Reise möchte ich festhalten. Für mich. Als Erinnerung zum Nachlesen und Weitergeben, wenn ich eines Tages steinalt und mit langem, eisgrauen Bart meinen hoffentlich zahlreichen Enkeln Geschichten vorlesen will. Für andere, die das gleiche Ziel haben, vielleicht Anregungen brauchen oder einen Anreiz, um endlich loszufahren. Und für alle diejenigen, die nicht fahren, aber trotzdem träumen möchten.

Bleibt die Frage: Warum zieht es die Biker ans Nordkap? Vielleicht ist es der Traum von der grenzenlosen Freiheit, der da besagt: »Du sollst Wind und Wetter trotzen und die Einsamkeit suchen. Um zu Dir selbst zu finden, sollst Du wochenlang auf Deinem Bock Kilometer fressen und schnurgerade durch eintönige Vegetation fahren. Du sollst ständig in die gleißende Mitternachtssonne schauen müssen, während sie genau vor Dir eine Handbreit über dem Horizont steht und niemals versinkt. Du sollst durchhalten und nicht aufgeben, bis Du Dein Ziel erreicht hast! Und wo in unseren Breitengraden findest Du noch wirkliche Einsamkeit? Du findest sie im dünn besiedelten Norden Europas. Dort bist Du stundenlang allein mit Deinen Gedanken. Du zuckst zusammen, wenn sich der Klang Deines Motors verändert. Du ertappst Dich dabei, dass Du mit Deinem Hobel redest. Je nördlicher Du kommst, desto weniger Menschen wirst Du begegnen. Du hast das Gefühl, die Straße gehört nur Dir. Niemand fährt vor Dir her und trödelt, keiner drängelt von hinten. Im Gegenteil. Du wirst froh sein, in einer Pause auf Menschen zu treffen, einen kurzen Plausch zu halten, einen Kaffee zu trinken oder eine Zigarette zu rauchen. Du musst theoretisch alle 250 Kilometer pausieren, um Dein Fahrzeug aufzutanken - da liegt der Gedanke nahe, wenigstens beim Bezahlen mit dem Verkaufspersonal ein paar Worte zu wechseln, doch die Technik hat mittlerweile dafür gesorgt, dass weitflächig vollautomatische und unbemannte Zapfsäulen in Skandinavien installiert wurden. Du wirst Selbstgespräche führen. Du wirst Dich und Deine verdammte Reise unterwegs hundertmal verfluchen. Während Deine Freunde im heimatlichen Freibad in Badehose Eis essen und schwitzen, passierst Du in extra angeschaffter Funktionsoberbekleidung in Verbindung mit undichter alter Lederbuxe bei arktischen Temperaturen bibbernd den menschenleeren Polarkreis und knabberst bretthharten Stockfisch.«

Manchmal drängt sich der Verdacht auf, dass der Trip auf dem Motorrad zum Nordkap eine Antwort der deutschen Biker auf den Kult der Easy Rider-Generation der siebziger Jahre ist. Damals konnten es sich die wenigsten Leute hierzulande leisten, mit Motorrädern in den USA herumzufahren. Folgerichtig wären die E4 in Schweden und die E6 in Norwegen die Route 66 der Deutschen, die in Nordeuropa ihren Traum von Freiheit finden. Für mich sollten jedoch mehr als zwanzig Jahre vergehen, meinen großen Traum zu leben.

»Warum Nordkap?« Es gibt keine befriedigende Antwort auf diese Frage, weil sich Mythen nicht erklären lassen. Eine akzeptable Antwort könnte lauten: »Weil ich es will!«

Mein Freund Andreas »Andrew« Fridrich aus dem schwäbischen Kusterdingen eröffnet mir, dass er geneigt sei, noch vor seinem 50. Geburtstag seine Harley-Davidson Road King zum Nordkap zu lenken. Der Traum dieser Reise hat sich schon vor Jahrzehnten in seinem Kopf festgesetzt und jetzt sei es an der Zeit, diesen Plan in die Tat umzusetzen. Sonst würde das nie etwas werden! Er würde auf jeden Fall fahren, notfalls allein. Ob ich mich nicht entschließen könne, mitzumachen? Oh, verdammt! Das hätte von mir kommen können, ich höre mich selbst reden. Das klingt nach mittelschwerer Midlife-Crisis mit Burnout-Syndrom. Fünfzig Jahre ohne Nordkap. Nun kommen all diese alten Geschichten wieder hoch. Wie tief bin ich zwischenzeitlich gesunken. Ein schlechter Schönwetterfahrer bin ich geworden, der seine Harley-Davidson »Nostalgia« in letzter Zeit nur noch auf Kurztrips bewegt - wenn überhaupt. Mein alter Traum holt mich ein. Wie oft bin ich damals im Geiste die Strecke schon abgefahren! Einem inneren Impuls folgend sage ich zu. Bin ich wahnsinnig? Will ich das wirklich? Ich habe in den Tagen nach meiner Zusage lange darüber nachgedacht. Es wäre leicht gewesen, nein zu sagen. Aber da war es wieder, das Nordkap-Fieber hat mich erneut gepackt, nach so vielen Jahren. Und ich glaube, ich will es endlich wissen. Einen Mythos kann man nicht einfach abstellen. Trotzdem hätte ich mich aus alleinigem Antrieb nicht dazu überwinden können, die Reise anzutreten. Eine Nordkap-Expedition wäre sicherlich ohne Andrews tatkräftige Initiative mein großes Kopfkino geblieben. Es ist entschieden. Wir werden unsere Böcke gemeinsam zum Nordkap treiben. Der König kann schon mal den Lappen ölen.

Das Nordkap. Die Koordinaten: 71° 10′ 21″ N. Und immer wieder die Frage: Das Nordkap, was ist das überhaupt? Der Hort der Götter? Der nördlichste Punkt Europas? Das Ende des Nordens? Emotionsfrei und nüchtern einfach hilft ein Blick ins Lexikon: Das Nordkap ist ein 300 Meter über Normalnull steil aufragenden Hochplateau, sowie ein beliebtes touristisches Reiseziel und mit Sicherheit die bekannteste nördlichste Aussichtsplattform Europas, die auf Straßen mit einem Fahrzeug erreichbar ist. Punkt.

Schlaue Besserwisser kontern jetzt mit dem Zungenbrecherwort »Knivskjellodden«. So heißt nämlich die nördlichere Landzunge auf der Nordkap-Insel Magerøya. Sie liegt nur wenige Kilometer westlich des Nordkaps und reicht mit 71° 11' 8" nördlicher Breite exakt 1380 m weiter nördlich als dieses, womit Knivskjellodden der nördlichste Punkt des europäischen Festlands ist. Ich sage bewusst »Festland«, da die vormalige Insel Magerøya meiner Meinung nach durch die Anbindung des Nordkaptunnels ihren eigentlichen Inselstatus verloren hat. Davor war das östlich gelegene, 70 Kilometer Luftlinie entfernte Kinnarodden am Nordkinn das nördlichste Festlandsstück Europas, da dieses noch mit einem 350 Meter breiten Landgürtel verbunden ist. Knivskjellodden ist allerdings nicht mit einem Fahrzeug erreichbar und weniger aufregend als das Nordkap, weil es sich nur um eine flache Steinscheibe im Meer handelt. Da müssen wir nicht hin. Laufen? Wir sind Biker! Ich will mein Motorrad vor dem spektakulären Nordkapdenkmal parken und nicht auf einer Granitscherbe in der Barentssee versenken.

Richard Chancellor, ein englischer Seefahrer, versuchte 1553, die Nordostpassage zu entdecken. Das ist ein gedachter Seeweg im Nordpolarmeer, entlang der Nordküsten Europas und Asiens, vom Weißen Meer bis zur Beringstraße, ca. 6.500 Kilometer lang. Die meisten Versuche, die ideale Route zu finden, endeten für die Forscher im Packeis. Im August 1553 sichtete Chancellor nach einem Sturm den später weltberühmten Schieferfelsen und gab ihm den Namen »North Cape«, (norw.: Nordkapp). Nach und nach entwickelte sich der Punkt im Norden zum Ziel einiger Expeditionen und mit der Einrichtung fester Schiffsverbindungen durch die Hurtigruten 1893 ist es mit der Ruhe am Kap vorbei.

Andrew und ich sind uns einig, dass jeder für sich allein entscheidet, was für die große Reise notwendig ist. Das Motorrad muss selbstverständlich voll verkehrstauglich sein, wetterfeste und warme Kleidung ist Pflicht und darüber hinaus kann jeder selbst bestimmen, was er zusätzlich mitnehmen will. Doppelte

Ausrüstungsgegenstände vermeiden wir, denn auf den Harleys ist der Platz begrenzt. Beispielsweise nehme ich den Kaffeekocher mit und Andrew packt dafür den Reservekanister ein. Den besten Platz auf meinem Soziussitz bezieht meine zerlegbare Outdoor-Gitarre. Die muss mit! Es handelt sich dabei um ein Instrument des Schweizer Gitarrenbauers Lukas Brunner. Der Hals ist abnehmbar und wird unter dem Korpus in einem stabilen Koffer verstaut, die Saiten verbleiben am Hals, da der Steg teleskopartig befestigt und beweglich ist. Ich habe die Gitarre in gutem Zustand von meinem Kollegen Kenny Legendre aus Bad Kreuznach erworben und bin immer wieder überrascht, wie erwachsen das Teil klingt.

Es ist klar, dass ich am Nordkap-Globus ein Lied spielen werde. Natürlich den Song »Far Away«, der mich und meine Band »Paddy Goes To Holyhead« immer begleitet. Passt ja auch, denn wir werden ca. 8.000 Kilometer unterwegs sein. Die Reiseroute ist erst mal grob festgelegt, Abweichungen ergeben sich oder werden später ausdiskutiert. Noch wäre es Zeit abzuspringen, bisher ist kein einziger Euro in das Unternehmen Nordkap investiert. Und das ist der Trick: Investiere am Anfang großzügig in Deine Pläne, dann ist die Motivation aufzugeben geringer.

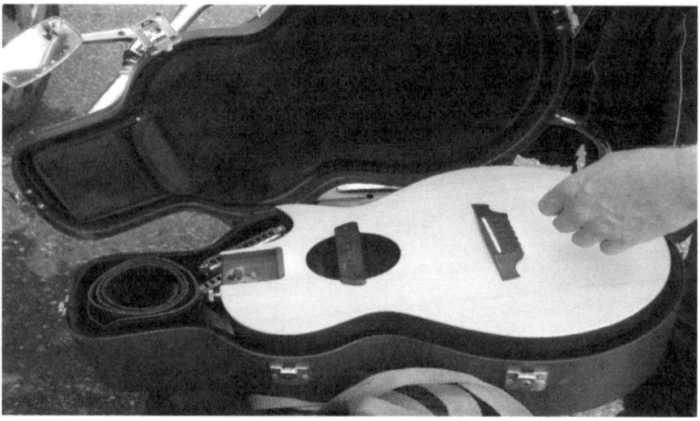

Für diese Tour muss ich meine Tagesplanung umstellen. Als Musiker bin ich gewohnt, in der Zukunft zu leben. Das heißt, ich muss meine Konzerte mindestens sechs Monate oder mehr im Voraus planen, für spontane Kurzurlaube sind natürlich ab und zu normale Wochentage drin, ein Wochenende jedoch nie. Der Berufsmusiker kann niemals plötzlich auf einer Samstagabend-Party erscheinen, es sei denn, er hat ein vorher ausgemachtes Engagement dort. In meinem Jahreskalender habe ich die Reisezeit markiert. Damit ist klar, es wird im Reisezeitraum keine Auftritte geben, Doch halt! Ein Konzert wird es geben. Am Nordkap-Denkmal. Bei der Mehrzahl meiner Veranstalter stoße ich auf Interesse und Verständnis für mein Vorhaben und werde schon nach kombinierten Konzerten plus Lesung befragt. Kein schlechter Gedanke. Nur wenige Zeitgenossen halten mich schlicht für durchgeknallt. Mit der Gitarre auf dem Motorrad! Soll doch jeder glücklich werden, wie er will, viele Gleichaltrige bevorzugen mittlerweile die Flotte der Hurtigruten, um das Nordkap anzusteuern.

Der erste teure Gebrauchsgegenstand, den ich in einem noch exklusiveren Outdoor-Laden erstehe, ist ein superprofessionelles Hilleberg-Zelt. Dabei mag ich Zelturlaube gar nicht! Trotzdem wird das Teil zur Probe daheim in Finsternis mit Stirnlampe zweimal auf- und abgebaut und die selbstaufblasbare Thermomatte, die später ein unrühmliches Ende findet, einer Liegeprobe unterzogen. Langsam gehe ich meiner Umgebung auf die Nerven, weil ich nur noch damit beschäftigt bin, Kataloge und Internetportale nach Survivalprodukten systematisch zu durchforsten und freue mich wie ein kleines Kind über Trivialitäten, wie beispielsweise die Gewichtsersparnis der doppelwandigen Titan-Tasse, die jedoch durch das schwere Bundeswehr-Edelstahlbesteck mit extra integriertem Kaffeelöffel ausgeglichen wird. Als Stammkunde gern gesehen werde ich in zahlreichen Kraftradausrüstungsgeschäften wie Tante Louise, etc. Ich kaufe Funktionsunterwäsche und nordpolerprobte Winterstiefel, Sturmhauben und Winterhandschuhe vom Testsieger, Zurrgurte und Packtaschen, die möglichst viele Gepäckstücke in kleines Packmaß verwandeln können. Selbstverständlich installiere ich eine angeblich wasserdichte Zusatzsteckdose (altdeutsch: Zigarettenanzünder) an der Harley und besorge mir auch gleich den neuesten USB-Doppelstecker dafür, der leider schon nach 250 gefahrenen Kilometern sein billiges Innenleben auf der Autobahn zwischen Kassel und Göttingen weiträumig verstreuen wird. Auch das Pannenspray für die Reifen verteilt sich später großzügig in der rechten Satteltasche, nachdem das Druckventil dem Gewicht der großen Packtasche nicht gewachsen ist.

Braucht der Motorradreisende ein Navigationsgerät? Nein, denn es geht ja immer Richtung Norden und jeder Biker ist stolz darauf, dass er Karten lesen kann. Aber er kauft dann doch mal das neueste, wasserdichte und gar nicht so billige TomTom-Gerät mit dem pfiffigen USB-Anschluss; das wird sich jedoch rächen, mehr dazu aber später.

Um der Spiegelreflexkamera einen sicheren und leicht zugänglichen Platz zu schaffen, erstehe ich bei Harley-Davidson eine Lenkertasche, die innen mit Plastik ausgeschlagen ist und wasserdicht sein soll. Statt am Lenker wie vorgesehen, zurre ich das Teil hinten an der Sissy-Bar fest. Das garantiert eine schnelle Verwendungsfähigkeit der Kamera. Zusätzliche Akkus, Speicherkarten und sonstige kleine Hilfsmittel passen auch noch in die Tasche. Prima.

Es gibt Tätigkeiten, die sollte man einer Fachwerkstatt überlassen. Meine treue aber betagte Harley-Davidson Softail Special (Nostalgia) aus dem Jahre 1996 verlangt dringend eine neue Bereifung, die Bremsanlage lässt verdächtige metallische Geräusche verlauten und die Farbe der TÜV-Plakette verblasst täglich ein wenig mehr. Nun denn, es ist noch ein wenig Zeit bis zum Tourstart, also denke ich daran, dem Mutterkonzern aus Milwaukee eine tüchtige Spende zukommen zu lassen und einen Termin mit dem örtlichen HD-Doktor in Frankfurt zu vereinbaren. Just an diesem sonnigen Tage jedoch sind alle Harleyfahrer Hessens vom gleichen Gedanken beseelt; ich bekomme keinen Termin und wähne mich schon bei den Altersgenossen in den Hurtigrutengaleeren. Was tun? Nessi, ein Bikerkumpel aus Neu-Isenburg weiß Rat. Er empfiehlt mir eine neue Werkstatt in Weiterstadt bei Darmstadt. »Welcome to Saint City Customs!« Heiko und seine Crew schrauben meinen Eisenhaufen zu moderaten Preisen innerhalb von 3 Tagen polarkreistauglich zusammen. Tour gerettet. Ich bin glücklich. Merke: Motorräder grundsätzlich im Winter zur Werkstatt fahren.

Leider ist die Packtasche »Traveller« der Fa. SW-Motech aus Rauschenberg für meine betagte Harley seit Jahren nicht mehr lieferbar, durch Vermittlung erstehe ich aber doch noch das Modell eines Privatanbieters in einem Internetauktionshaus. Auf Empfehlung einer Motorradfachzeitschrift beschaffe ich mir die »Polar Thermo Jacke« der Firma »A-4 Functional Design« aus dem nordhessischen Diemelstadt. Eigentlich für Gespannfahrer entwickelt, ist dieses Kleidungsstück für Touren bei extremer Kälte konzipiert und hält Wind und Regen erfolgreich stand. Da zeigt es sich wieder einmal, dass es sich lohnt, auf Gleichgesinnte zu hören, anstatt dem Gefühl nachzugeben und teure Markenprodukte mit klingenden Namen zu kaufen. Preiswert und warm ist das Kleidungsstück. Im Gegensatz zu meiner alten Lederhose. Nur weiß ich das jetzt noch nicht. Der Harleyfahrer trägt aus tiefster Überzeugung keinen Integralhelm. Da friert er lieber. Meist mit einem Helmschälchen bewehrt, zwinkern die vom Wind gepeinigten roten Augen durch eine coole Sonnenbrille. Ein Tuch aus wasserabweisender Seide oder Kunstfaser um Nase, Mund und Hals geschlungen trotzt dem Wetter. Der kundige Biker weiß: Baumwolltücher verkleben bei Schnee und Regen wie nasse Eispampe Hals und Gesicht. Trotzdem: Das Wehklagen bei Tempo 80 im kalten norwegischen Dauerregen hört ja niemand. Gleichgesinnte werden heftig nicken, selbst kleine Regentropfen wirken bei höheren Geschwindigkeiten wie eine Art Gesichtsakkupunktur. Andrew trägt ebenfalls einen mattschwarzen Jet Helm, ist aber so schlau, einen Gesichtsschutz aus Neopren zu benutzen. Dieser schützt ihn hervorragend vor schlechtem Wetter aber er verschlimmert hoffnungslos den Gebrauch seiner schwäbischen Muttersprache. Ich verstehe ihn akustisch nicht mehr!

Die Tage werden länger und die Abreise steht kurz bevor. Ein finnisches Forum warnt vor einer kommenden Mückenplage. Jetzt noch schnell Mückenspray und ein Moskitonetz besorgen; benutzen werden wir das Zeug nie. Erst später erfahren wir, dass die Blutsauger sich eher im Landesinneren aufhalten, jedoch in Küstennähe äußerst selten anzutreffen sind. Ein schwedisches Forum gebietet den Liebhabern alter deutscher KFZ-Kennzeichen die Anbringung eines D-Schildes. Ich fahre immer noch mit 20x20er »Kuchenblech« aus den 90er Jahren in fetter Engschrift. Letztlich interessiert es keinen Sheriff von Malmö bis Lilliestrøm. Aber man weiß ja nie! Ein norwegisches Forum mahnt dringend die Mitnahme einer Kreditkarte samt PIN-Freischaltung an und dieser Tipp erweist sich als goldrichtig. Mindestens einmal stehe ich in tagheller Nacht vor einem unbemannten Tankkörper, der die Akzeptanz von Bargeld, sowie der EC-Karte verweigert, jedoch per Kreditkarte Sprit gewährt. Allerdings erleben wir das auch anders herum. Niemals jedoch haben wir ein ernsthaftes Kraftstoffproblem. Das Tankstellenetz in ganz Skandinavien ist lückenlos und auch für Motorradreisende völlig ausreichend. In größeren Gegenden und an vielen Kreuzungspunkten befinden sich große Tankstellen, die meist 24 Stunden besetzt sind und darüber hinaus Einkaufsmöglichkeit, Kommunikation, Aufwärmung und WC-Benutzung bieten. Oft ist ein kleiner Imbiss integriert, der die Reisenden mit kleinen Snacks wie Hot Dogs, amerikanischen Bratklopsen und ortsüblichem Backwerk versorgt. Bei aller Kritik an der globalen Macht- und Marktstellung wird das Shell-Tankstellennetz zu unserer beliebtesten Anlaufstelle. Dort befinden sich vortreffliche Kaffeevollautomaten, man zahlt an der Kasse, zapft sein Getränk selbst und kann seinem Michkaffee oder Latte Macchiato einen Sirup (Flavour) hinzufügen. Zum Beispiel Karamell oder ein Irish-Coffee-Substrat. Schmeckt total lecker und jeder fünfte Becher ist umsonst, wenn man im Besitz einer Sammelkarte ist, die dann entsprechend an der Kasse abgestempelt wird. Hier werde ich zum Kartensammler.

Packteufel

Der Motorradurlauber studiert gern Reiseberichte. Oft finden sich Ideen für brauchbare Ausrüstungsgegenstände. Aber auch Absonderlichkeiten, die unsereinem nicht in die Satteltaschen kommen! Warum soll er ein Kopfkissen mitnehmen? Die Schuhe, im Handtuch eingeschlagen, erfüllen doch den Zweck! Unsinnig sind auch Wasseraufbereitungstabletten. Wir fahren doch nicht nach Tschernobyl! Mag sein, der ein oder andere Biker wird beim Stöbern in der Packliste Gegenstände vermissen oder sich totlachen. Andrew wird eine Flasche Captain Morgan Whisky mitführen. Zigaretten? Sorry, ich muss ein paar Schachteln mitnehmen. Unsere gemeinsame Droge heißt Kaffee. Selbstverständlich wird der ein oder andere Gegenstand daheim vergessen. Kleinigkeiten können auch vor Ort gekauft werden, z. B. Utensilien, die benötigt werden, wenn Hunderte Kilometer in Schweden durch Wald gefahren wird, ohne dass sich eine Ortschaft mit Örtchen zeigt. Der nächste Baum wartet schon. Sonnenschutzcreme? Ich lache jetzt nicht mehr darüber. Die ständig präsente Mitternachtssonne lässt selbst bei arktischen Temperaturen die Nasen erglühen. Niemals hätte ich im Traum daran gedacht, dass ich unterwegs Socken stopfen werde. Naja, auch in skandinavischen Kurzwarenläden finden sich Nadel und Faden und auch Andrew näht ab und zu an seiner Hose. Selbst ist der Mann. Letztendlich kann ich und will ich nicht viel mitnehmen. Die Kunst besteht jedoch darin, alles vernünftig zu packen. Ich finde selten etwas auf Anhieb wieder, bin eben kein Packteufel.

Packliste		
Jeans	USB-Stick	Bargeld
Gummiringe	Edding / Bleistift	Schlauchschellen
Buck Knife	Leatherman Tool	Wäscheklammer
Outdoor Gitarre	Mundharmonikas	Muha-Halter
Badehose	Spanngurte	EC-Karte
Fleece Jacke	Gepäcknetze	Kreditkarte
Pullover	Sicherungen	KFZ-Clubkarte
Jeansjacke	Reifen-Kit	Krankenvers-Card
Unterhosen (kurz)	USB-Stecker	Adressaufkleber
Unterhosen (lang)	Dickes Schloss	Handtuch
Turnschuhe	Dicke Kette	Waschzeug
Unterhemden	Helmschloss	Aspirin
Socken	Spiegelreflexkamera	Mückenspray
Winterhandschuhe	Kamerazubehör	Ohrstöpsel
Sommerhandschuhe	Mobiltelefon	Schlafbrille
Unterhandschuhe	Kabelbinder	Moskitonetz
Thermojacke	Ersatzbirne H4	Führerschein
Lederhose	Navigationssystem	Personalausweis
Motorradstiefel	Gaskocher	Kfz-Papiere
Jet Helm	Kaffeefilter	Grüne Vers.-Karte
Regenbrille	Werkzeug	Müllbeutel
Sonnenbrille	Überbrückungskabel	Landkarten
Seidentücher	Telefonliste	Wäscheleine
Regenkombi	Werkstattliste	Wassersack
Mütze	Tagebuch	Isomatte
Warnweste	First-Aid-Kit	Schlafsack
Gaffa Tape	Waschmittel	Zelt
BW-Besteck	Alu-Geschirr	Stirnlampe
Zigaretten	Feuerzeug	Wasserflasche
Kameratasche	Traveller-Packsack	Louis-Packsack
Rucksack	Plastiktüten	Fragezeichen ?
Motoröl	WD40 Kriechöl	Gitarrensaiten

Richtung Norden

Wir haben uns darauf geeinigt, an einem Montag zu starten, da erfahrungsgemäß das zu erwartende Verkehrsaufkommen der deutschen Autobahnen werktags niedriger ist. Eine gute Idee. Oft habe ich mich gefragt, wann ist denn der richtige Zeitpunkt, eine solche Reise zu unternehmen? Ganz einfach: Der richtige Zeitpunkt ist erreicht, wenn Du losfährst. Am Vortag wird alles gepackt, ich bin sämtliche Listen noch einmal durchgegangen und ziehe den Regenkombi wieder aus dem Sack. Es regnet. Der Wetterbericht spricht von »heiter bis wolkig«. Andrew ruft an, um mir mitzuteilen, dass die Werkstatt an seinem Motorrad noch einen Fehler der Kupplung ausmerzen wird. Bis zum Mittag soll das behoben sein. Solange möchte ich nicht warten. Da wir beide in verschiedenen Regionen Deutschlands wohnen, haben wir vorher festgelegt, uns an der Raststätte Wetterau, unweit von Bad Nauheim, an der A5 zu treffen. Das wird wohl eher nichts werden. Ich beschließe, erst einmal loszufahren und »Strecke zu machen«. So verlasse ich das Haus bei strömendem Regen, kontrolliere nochmal mit einigen Handgriffen das festgezurrte Gepäck, lasse einen prüfenden Blick über den Eisenhaufen gleiten, setzte mich auf meine Maschine und betätigte den Startknopf der Harley. Sie schüttelt sich kurz und schon geht es los! Nach fünf Minuten Fahrt erreiche ich die Autobahn 661, fahre an Frankfurt vorbei und bin schon pudelnass. Habe ich auch nichts vergessen? Die Herdplatte! Habe ich die Herdplatte ausgeschaltet? Ist die Haustür versperrt, das Garagentor verschlossen? Ich kann jetzt nicht mehr umkehren und verscheuche die Panikgedanken. Ich habe bestimmt mehrmals Herdplatte, Haustür und Garagentor kontrolliert.

Eine Wäscheklammer in der Packliste? Jede Harley hat ihre Eigenarten. Die Klammer stabilisiert den Kaltstartknopf (Choke) am Vergaser meines Triebwerks und verhindert, dass dieser in die ursprüngliche Position zurückfährt, bevor der Motor warm ist. Ein Ding, das unterwegs immer zur Belustigung der BMW-Fahrer mit Startautomatik beiträgt.

Das Fragezeichen in der Liste steht für alle vergessenen Gegenstände. Schon nach kurzer Fahrt auf der A5 bei Friedberg wird das Wetter freundlicher, der Regen verzieht sich und die Sonne kommt heraus. Der Verkehr ist ruhig. Ich stoppe kurz auf dem Rasthof Pfefferhöhe in Alsfeld, zapfe für 18 Euro meinen Tank voll und stopfe den Regenkombi direkt unter die Gepäckspinne der Abdeckplane, so habe ich das

Teil griffbereit, sollte das Wetter sich wieder verschlechtern. Es geht weiter. Noch habe ich nicht die richtige Sitzposition gefunden, die niedrige Sitzhaltung und der breite Lenker meiner betagten Nostalgia fordern ihren Tribut. Das kenne ich schon, so kann ich wenigstens alle 100 Kilometer eine Pause einlegen, das Gepäck kontrollieren und eine Zigarette rauchen. Der erhöhte Kragen der neuen Funktionsjacke drückt bei forscher Fahrweise gegen den Kehlkopf, das ist etwas unangenehm. Öffne ich den Klettverschluss, bläht sich die Jacke während der Fahrt auf. Später verschwindet das Druckgefühl und ich lerne die Vorzüge dieses Kleidungsstücks richtig schätzen. Im Gegensatz zu meiner alten Lederhose, die mir nach einer Diät vor Monaten wieder wie angegossen passt. Sie ist im Laufe der Jahre ganz schön steif geworden und auch nicht mehr ganz wasserdicht, wie sich noch zeigen wird.

3.231 Kilometer. Das ist die direkte Entfernung von meiner Haustür zum Nordkap an der Nordspitze Norwegens. Allerdings liegen eine Handvoll Ziele abseits der direkten Route, die angesteuert werden wollen. Es werden am Ende fast 8.000 Kilometer sein, die ich zurücklegen werde. Soweit zur Theorie. Mein Tacho lügt! Der Geschwindigkeitsmesser einer Harley-Davidson Heritage Softail Special (Nostalgia) des Modelljahres 1996 ist in etwa so groß wie eine Personenwaage, damit die Zielgruppe der pensionierten Motorradfahrer die Zahlen schön deutlich und genau ablesen kann, sagen Spötter. Pustekuchen! Der Zeiger meines Instrumentes zeigt im Schnitt 20 km/h zu wenig an. Ich habe mich zwar im Laufe der Jahre schon daran gewöhnt, aber die Angst vor horrend teuren Geschwindigkeitsübertretungen in Skandinavien riet mir zu einer Kalibriereinheit, die das wohl bekannte Problem beheben soll. Denkste! Unterwegs spielt der Zeiger völlig verrückt und in einer zehnminütigen Affekthandlung war der Impulsgeber wieder ausgebaut. Drecksteil! Immerhin erstehe ich Wochen vorher ein neues Navigationsgerät für Motorräder, das »TomTom Rider pro Europe«. Es kann Kilometerleistung, Geschwindigkeit und Strecke aufzeichnen, beobachten und später verwerten. Steht in der Beschreibung. Noch funktioniert das Gerät einwandfrei. Ich habe es mit dem neuen USB-Doppelstecker der Stromeinheit verbunden, so kann parallel auch das Mobiltelefon geladen werden. Damit ist nach kurzer Zeit Schluss. Vibrationsbedingt haucht der Doppelstecker irgendwo unterwegs sein Leben aus und da ich in Hannover, Raststätte Wülferode-Ost für 24 Euro tanken muss, leiste ich mir im Trucker-Bereich einen stabileren USB-Stecker für stolze 9 Euro. Einfaches Fabrikat, wird es den Rest der Tour, die ja gerade erst stattgefunden hat, überstehen?

Ab Hamburg quillt weißer Schaum aus der Werkzeugsatteltasche. Eine kleine Pause ist jetzt ohnehin angebracht, also fahre ich rechts ab und schaute mir das Debakel an. Wie schon in der Vorbereitung erwähnt, drückt das schwere Gewicht des Packsacks auf das Ventil der Spraydose des Schlauchdichtungsmittels (Reifenpilot). Oder ist es die Temperatur des Auspuffs? Egal. Die zähe Masse klebt wie Kaugummi und ich lasse sie erst einmal trocknen. Später kann ich das Zeug wie eine Maske abziehen und die Gepäckstücke reinigen. Seit Hamburg benutze ich meine Regenkleidung als Sitzpolster. Gelegentlich hilft es, optimal ist es nicht. Ich fahre weiter. On the road again!

Eigentlich fühlte ich mich nach 500 Kilometer Fahrt noch recht fit und sehe mich schon auf einem Campingplatz auf Fehmarn zelten, doch das Wetter macht mir für heute einen dicken Strich durch die Rechnung. Starker Regen setzt ab Lübeck ein, ich werde aus dem Stand vom Gewitter überrascht und schaffe es nicht, das Regenzeug überzustreifen. Total durchnässt beschließe ich, im Strandhotel Maritim in Travemünde den Tag ausklingen zu lassen und auf Andrew zu warten. Das preisgünstigste Einzelzimmer liegt bei 140 Euro. Oha! Dafür gibt es Saunabenutzung und einen Zimmerblick auf die Viermastbark Passat, die gemächlich auf der Trave schaukelt. Dicke Pötte vom Skandinavienkai quälen sich draußen im Regen durch die enge Fahrrinne und ich trockne langsam, die Wärme kommt zurück. 579 Kilometer in 8 Stunden mit 6 Pausen und einer durchschnittlichen Geschwindigkeit von 126 km/h. Ein guter Anfang!

Nach zwei Saunagängen und einem ausgedehnten Strandspaziergang widme ich meine Zeit dem Tagebuch und gegen 23 Uhr höre ich Andrews Road King mit dumpfen Geräusch den Weg zum Hotel heraufpöttern, wir haben uns tagsüber telefonisch abgesprochen. Losgekommen gegen 14 Uhr daheim, hat er an diesem Tag 786 Kilometer zurückgelegt. Wir begrüßen uns herzlich und nehmen noch ein paar Drinks in der Hotelbar.

Die kleine Frau

Raus den Federn, gefrühstückt, das Eisenpferd gesattelt und für 26 Euro aufgetankt in Travemünde. Anschließend geht es immer geradeaus durch den Regen über die 963 Meter lange Fehmarnsundbrücke und quer durch Fehmarn bis Puttgarden, wo die Fähre nach Dänemark wartet. Leider ist das Wetter nicht gut zu uns, so haben wir hier keinen Blick für die Schönheiten der ehemals größten deutschen Insel. Für 51 Euro pro Person und Motorrad dürfen wir übersetzen. Haltegurte für Töffs sind an Bord vorhanden, der Haken wird in der Öse im Boden befestigt, der Gang wird eingelegt und der Gurt über den Sattel strammgezogen. Es lohnt nicht, die Klamotten vom Leib zu schälen, allzu kurz ist die Überfahrt. In Rødby (gesprochen: Röllbü) angekommen regnet es immer noch, der Himmel ist grau, doch kurz vor Kopenhagen (København, gesprochen: Köbmhaun) klart es auf. Wir haben eine Verabredung mit einer jungen Dame an der Uferpromenade Langelinie und dank Navi finden wir den Ort prompt. Die dänische Hauptstadt ist eine sehr fahrradfreundliche Stadt, es stört sich niemand daran, dass wir unsere Zweiräder ebenfalls auf dem Radparkplatz zurück lassen. Die kleine Meerjungfrau trägt ihren Namen zu Recht. Mit nur 125 cm Höhe gilt sie wohl als das kleinste Wahrzeichen der Welt. Sie würde kaum auffallen, so unscheinbar ist auch der Stein auf dem sie sitzt. Aber alle Jubeljahre wird ein gemeiner Anschlag auf das Persönchen verübt und da müssen wir mal schnell nachschauen, ob der Kopf noch auf den Schultern sitzt.

Schnell nochmal die Rösser auftanken. Ich habe keine dänischen Kronen bei mir und zücke das Plastikgeld. Doch hier klappt der Deal mit der Kreditkarten-Pin nicht, also EC-Karte raus und für 29 Euro wird das hier teure Benzin in den Tank gelassen. Flugs geht es weiter. Oder doch nicht? Wir wollen über die neue Öresundbrücke nach Schweden fahren, doch das Navigationsgerät schickt uns vorerst nach Downtown Kopenhagen. Offenbar ein Navi mit Kultursinn, der uns die Schönheiten des Landes zeigen will.

Rumpaträ

Ah, jetzt ja! Nach einigen Kapriolen (Bruder Navi will uns augenscheinlich über eine Fährverbindung nach Schweden schicken) finden wir den Weg zur Öresundbrücke. Sie verbindet die dänische Hauptstadt Kopenhagen mit der Stadt Malmö in Schweden und riecht noch förmlich nach Farbe, das Monument wurde im Jahr 2000 erbaut. Die Brücke ist 7.845 Meter lang. Unendliche Aussicht links und rechts auf die bewegliche graue Masse, die Meer genannt wird! Wir fahren mit ca. 80 km/h über das Wunder der Technik, da wir uns nicht sattsehen können. Ein Gefühl von Freiheit stellt sich ein, der Verkehr ist sehr ruhig. Es weht heftig von beiden Seiten und schüttelt uns gut durch. Einmal versetzt mich eine Windbö für Sekunden in Schräglage, ein tolles Gefühl! Ein paar Schiffe fahren unter der Brücke durch. Bitte jetzt nicht die Pfeiler rammen! Das Bauwerk ist eine architektonische Meisterleistung, und soll eine Milliarde Euro gekostet haben. Bauzeit: Nur 40 Monate. Ob sie lange hält?

Damit wir auch unseren Obolus zur Abzahlung auf Raten beitragen, wird am Ende der Brücke auf schwedischer Scite die Maut kassiert: Motorradfahrer kommen normalerweise glimpflich davon mit 17,50 Euro. Wir haben 23 Euro pro Nase bezahlt. Warum?

Weil wir die Brückenordnung vorher nicht gelesen haben: »Mit dem Kraftrad dürfen die automatischen Fahrspuren nicht benutzt werden, da für die diese vorne zwingend ein Kennzeichen benötigt wird. Es wird empfohlen, eine Fahrspur die mit Personal besetzt ist, zu benutzen und bar zu bezahlen. Online können die Tickets nicht erworben werden.« Uns wird also am Kreditkartenschalter die nächsthöhere Preiskategorie aufgebürdet. Wieder etwas gelernt, dafür gibt es am Abend nur Knäckebrot. Basta!

In Schweden auf dem Festland angekommen, erwartet uns die Grenzpolizei. So richtig schnieke sehen die beiden Schupos aus, mit Käppis auf den Köpfen, wie aus den Filmen mit Pippi Langstrumpf! Unsere Ausweise interessieren die beiden Staatsdiener nicht besonders, sie lassen jedoch ihren Diensthund an unserem Gepäck schnüffeln, der kleine Kerl interessiert sich aber eher für die Wiese. Na, Drogen haben wir nicht dabei, abgesehen von Kaffee, Zigaretten, Aspirin und Captain Morgan.

Malmö wird von uns links liegen gelassen und großräumig umrundet. Wir wollen Natur pur, fahren die E20 weiter und wechseln nach 60 Kilometer am Trafikplats Kropp auf die E4. Endlich macht sich das allseits bekannte Postkartenschweden bemerkbar, wir kommen durch dichte Wälder und tanken nach weiteren 80 Kilometern in Strömsnäsbruk, mitten in der smäländischen Pampa bei Shell, für 21 Euro per EC-Karte. Mittlerweile schmerzte mein Allerwertester aufgrund der Sitzhaltung und ich fand ein stabiles Stück Holz, das ich quer über den Sattel lege.

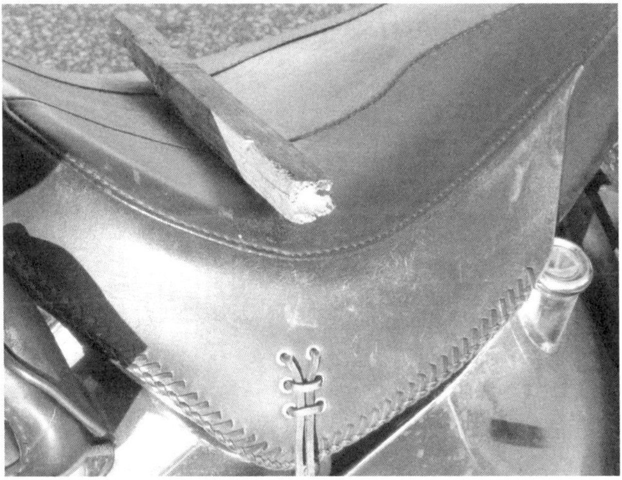

Es hilft! Andrew schaut ungläubig, doch ich ziehe auch als Musiker immer die hölzernen Barhocker den gepolsterten Pendants vor. Da ich viel Zeit zum Nachdenken habe, beschließe ich, einen Brief an Ingvar Kamprad, den Gründer von Ikea, zu schreiben.

Ich möchte meine hölzerne Sitzhilfe im Katalog der Firma wiederfinden, zu erwerben mit einer schwer verständlichen und bebilderten Anleitung zur Selbstmontage. Versehen mit genau abgezählten Innensechskantschrauben, beigelegtem Inbusschlüssel und querverspannten Kreuzfedermuffen in einzeln verpackten und fest eingeschweißten Tütchen in einer messerscharfen Blisterverpackung. Empfohlener Produktname: »Rumpaträ«. Kleine Schwedischlektion: Rumpa = Hintern, Trä = Holz. Die Idee mit dem Brief lasse ich dann doch lieber.

Weiter geht die Reise nordöstlich Richtung Stockholm. Wir durchqueren ohne Halt Ljungby, die Stadt der Electrolux-Waschmaschinen und kommen nach Värnamo, dem Ort, der im Tal des Flusses Lagan liegt. Der Künstler Bruno Mathsson kommt hierher, einer der bedeutendsten Möbeldesigner Schwedens, der einige der klassischen Objekte des Funktionalismus schuf. Mein Hintern meldet sich abrupt und erinnert mich an Rumpaträ. Huskvarna lassen wir rechts liegen. Bei nächster Gelegenheit würde ich schon gern einmal das Museum der Kettensägen und Motorräder besuchen. Es wird dunkel, die letzte Dunkelheit, die wir für Wochen in Skandinavien erleben sollen. Fröstelnde Kälte kriecht langsam unter unsere Kleidung, so dass wir uns für ein Motel in Gränna, am östlichen Rand des Sees Vättern, entscheiden: »Motell Vätterleden«. Zimmer mit Blick auf die Tankstelle und den See. Das Zimmer kostet 730 SEK, das entspricht etwa 85 Euro. Die Kräder werden direkt vor der Tür geparkt, Captain Morgan bittet zum Dinner und wir lassen den Abend geruhsam ausklingen. Andrew führt während der Reise ein elektronisches Tagebuch; er hat ein Netbook dabei, um unterwegs aktuelle kleine Berichte und Fotos in seinem Blog zu veröffentlichen. So können unsere Angehörigen und Freunde über das aktuelle Tagesgeschehen informiert werden. Ich addiere, auf dem Bett liegend, die gefahrenen Kilometer und summiere eine Tagesleistung von etwas über 600 Kilometern. Nicht übel und im Nachhinein betrachtet war es gar nicht so anstrengend. Aus dem Fenster werfe ich einen Blick auf den 135 Kilometer langen und 31 Kilometer breiten Vättersee, den zweitgrößten See Schwedens, der hier an dieser Stelle mehr als 100 Meter tief sein soll. Sein klares und blaues Wasser ist auf die unzähligen Quellen und nährstoffarmen Zuflüsse zurückzuführen. Lustige Notiz am Rande: Der See ist Namensgeber für eine Badmöbelserie eines bekannten schwedischen Einrichtungsunternehmens. Ich schöpfe Hoffnung für die baldige Realisierung von Rumpaträ. Licht aus. God natt!

Am nächsten Morgen sind wir früh auf den Beinen und laben uns an Bacon & Eggs, das scheint die Leibspeise der schwedischen Trucker zu sein, die in großer Anzahl hier auftreten.

Wir spazieren durch eine kleine Einkaufsmeile und mir stockt der Atem: Zuckerstangen in allen Variationen, die meisten rot-weiß wie der Inhalt einer Signalzahnpasta! Pippi Langstrumpfs Süßwarenladen schlechthin. Wir kaufen Proben des klebrigen Zeugs, ich stecke sofort eine Stange in den Mund. Schmeckt nach Pfefferminz. Später erfahren wir, dass hier in Gränna diese Spezialität aus Zuckerzeug erfunden wurde und der Schwede »Polkagrisar« (Polkaschweinchen) dazu sagt. Die Sonne lacht! Wir sehen unseren ersten Elch, leider steht er stocksteif auf einer Wiese und ist aus Holz gezimmert. Harleys aufgetakelt und los geht es munter in grober Richtung Stockholm weiter, am schönen blauen See

Vättern entlang. Die Nase immer im Wind, fahren wir bis Norrköping, 160 km südwestlich von Stockholm, eine von unzähligen Hafenstädten an der Ostsee.

Ziel ist die örtliche Harley-Davidson Vertretung, wir möchten typisch schwedische Harley-T-Shirts mit Rückenemblem aus Norrköping erwerben. Gesagt getan. Wir stoßen auf einen rundum freundlichen Service. Andrew fährt schon längere Zeit auf Tankreserve, mit dem letzten Tropfen Benzin erreichen wir das Harley-Haus und die Road King bekommt zuletzt beim freundlichen Händler einen Liter Sprit spendiert. Beim Einfüllen des Benzins erklärt uns der stattliche Schwede in breitem Englisch den Weg zur nächsten offenen Q8-Tankstelle. Diese finden wir auf Anhieb, für umgerechnet satte 30 Euro lasse ich den 5-Gallonen-Tank meiner Harley richtig volllaufen. Anschließend besuchen wir die recht triste Innenstadt von Norrköping und ich entdecke in einem Einkaufszentrum einen Bankomat, dem ich schwedische Kronen entlocken kann. Zum Verweilen lädt die »Dirty old town« nicht ein. Die Sonne scheint, uns juckt die Gasgriffhand, wir wollen raus aus dem Betongürtel Stockholms. Auf geht's!

Noch ist das Wetter recht freundlich und mild. Wir biegen wieder auf die E4, Richtung Hauptstadt. Relativ ruhig ist die Strecke um Nyköping, dem Wahlkreis der früheren schwedischen Außenministerin Anna Lindh, die 2003 in Stockholm ermordet wurde. Die Wegstecke zieht sich in die Länge. Ab geht es durch Järna, Södertälje und Salem. Die Bevölkerungsdichte nimmt zu, der Verkehr auch. Doch kaum haben wir die Stadtgrenze von Stockholm erreicht, fängt es an, in Strömen zu regnen. Ist nicht Schloss Gripsholm hier in der Nähe? Vor mehr als 70 Jahren ließ Kurt Tucholsky dort in seinem Roman zwei Verliebte den schwedischen Sommer genießen. Nun genießen hier zwei Verrückte den Regen von Stockholm. Das vormalige Nieseln verwandelt sich in ein regelrechtes Platzkonzert und alle je erschienenen Abba-Melodien trommeln auf meinen Helm! Ich denke mir anfangs nichts dabei und beschließe, die Regenhaut mitnichten anzulegen, das soll ich bereuen, denn der Regen hört zwar hinter der schwedischen Hauptstadt plötzlich auf, doch ich bin total durchnässt. Die Suppe läuft ungebremst in meine Stiefel, nachdem ich feststellen muss, dass meine alte Lederbux nicht mehr wasserdicht ist. Jetzt dreht der Wettergott vollends durch. Es wird sommerlich warm und wir kommen zum Entschluss, Königin Silvia und die Metropole nicht zu besuchen, sondern das jetzt freundliche Wetter auszunutzen und Strecke zu machen. Nebenbei kann ich im Fahrtwind trocknen; so denke ich jedenfalls und solange es warm ist, fühle ich mich wohl. Andrew sicherlich auch.

Der Verkehr ist nicht besonders stark, als wir durch Upplands Väsby fahren. Hier residiert die Öhlins Racing AB, ein bekannter und international renommierten Hersteller von Fahrwerkskomponenten, der sogar eine eigene deutsche Niederlassung, das Öhlins Distribution & Test Center, in Meuspath am Nürburgring besitzt. Dort wird Motorradgeschichte geschrieben, zum Beispiel in der Moto-GP-Klasse, der Superbike-Weltmeisterschaft und anderen nationalen und internationalen Rennkategorien. Leider haben wir keine Zeit und lassen unsere Maschinen am Werk beschaulich vorbeirennen.

Wir passieren Uppsala, die bekannte Universitätsstadt und viertgrößte Stadt Schwedens und wollen lieber nochmal zur Sicherheit in Tierp tanken. Allerdings erweist sich die auf der E4 angepriesene Tankstelle als weit entfernt. Wir fahren durch kleine Gassen quer durch den Ort und finden die Tankstelle am Ende von Tierp. Na, egal! Benzin im Wert von umgerechnet 28 Euro wechselt von der Zapfsäule in meinen Tankbehälter. Zurück auf der E4 fahren wir kurze Zeit später durch Gävle. Joe Hill, Geburtsname: Joel Emmanuel Hägglund, Vorkämpfer der Arbeiter- und Gewerkschaftsbewegung, wurde 1879 in diesem Ort geboren und ging 1902 nach Amerika. Er spielte u. a. Banjo, Gitarre, Klavier und Akkordeon und engagierte sich in der amerikanischen Arbeiter- und Gewerkschaftsbewegung. Seine große Popularität wurde ihm jedoch zum Verhängnis. Die Mächtigen wollten ihn loswerden. Wegen eines Mordes, den er nicht begangen hatte, wurde er 1915 erschossen. Ich trällere, von meinem Harleymotor begleitet, das Lied, das von Joan Baez und auch den Dubliners bekannt gemacht wurde, vor mich hin: »I dreamed I saw Joe Hill last night, alive as you and me ...« Hinter Gävle sehen wir jetzt ab und zu ein paar Ausläufer des Bottnischen Meerbusens, den wir ab jetzt für fast neunhundert Kilometer an unserer rechten Seite haben werden. Einige kleine Ortschaften durchqueren wir im Eiltempo: Söderhamm, Iggesund und Hudiksvall, es geht zügig vorwärts. 25 Kilometer nördlich von Sundsvall, in Söråker ist es noch warm. Wir legen einen weiteren Tankstopp bei Statoil

Torsboda ein und ich fülle meine Fat-Bob-Tanks für umgerechnet 26 Euro. Eine Harley hat ja zwei Tanks.

Hier treffen wir zum ersten und nicht zum letzten Mal auf Peter, einen Biker aus Bratislava, der eine herrlich restaurierte Harley-Davidson mit Springergabel im Las Vegas Style fährt. Peter freut sich wie ein König Gleichgesinnte zu treffen und erzählt uns, dass er schon vor Jahren allein zum Nordkap unterwegs war und auch Mitglied des Royal North Cape Club ist. Der Verein verfolgt das Ziel, die Gemeinschaft derer zu fördern, die das Nordkap besuchen. Ein Teil des Mitgliedsbeitrags wird dazu verwendet, das Nordkap zu bewahren. Gemeinsam trinken wir Kaffee, schießen ein paar Erinnerungsfotos, wollen aber unbedingt die milde Abendsonne noch ausnutzen, um unserem Ziel näher zu kommen. Wir verabschieden uns von Peter, der sein Tagespensum an Kilometern für heute schon erfüllt hat und sich hier ein Dach über den Kopf suchen möchte.

50 Kilometer später cruisen wir über die Högakustenbrücke, sie gilt als das zweithöchste Bauwerk Schwedens. Die maximale Stützweite der Brücke beträgt 1.210 Meter. Damit gleicht sie der Golden Gate Bridge (1.280 Meter). Die lichte Höhe beträgt 40 m, die Gesamthöhe 186 m. Wir genießen 1.867 Meter lang freie Sicht über den Bottenhavet. Ach ja: Die Brücke ist 17,8 m breit, da uns niemand entgegen kommt, können wir uns auf ihr richtig fett ausbreiten.

Tom ist tot

Nur wenige Minuten, nachdem wir die Brücke passiert haben, meckert mein Navigationsgerät, es will während der Fahrt wieder ans Stromnetz. Das ist normalerweise kein Problem, allerdings hat sich die Firma TomTom etwas sehr Blödes ausgedacht: Standardmäßig wird das Gerät im Ruhezustand an der Mini-USB-Buchse aufgeladen und ausgestöpselt, dann hält der Akku ca. 5 Stunden durch. Für die permanente Stromversorgung während der Fahrt muss jedoch zusätzlich eine Halterung für knapp 65 Euro käuflich erworben werden, damit ein mobiles Akkustromkabel den Dienst verrichten kann. Pure Beutelschneiderei, sollte man meinen. Das funktioniert bestimmt auch mit dem Mini-USB, denke ich. Allerdings verfügt die USB-Buchse am Navi über eine wasserdichte Arretierung - wenn während der Fahrt das Kabel in der Buchse steckt und das Gerät nach oben bewegt wird, um eine bessere Ablesbarkeit zu gewährleisten, biegt sich der Mini-USB-Stecker und - bricht. So ist es auch. Tom ist tot. Na prima! Damit sind wir also wieder auf die urbanen Karten angewiesen. Ich habe das Gerät übrigens noch während der Reise per Express heim geschickt und anstandslos ein neues Exemplar bekommen, natürlich erst Wochen später.

Jetzt geht die Fahrt nur noch schnurgerade durch schwedischen Wald, immer der E4 folgend. Die Ortschaften liegen einige Kilometer links und rechts neben der Strecke, so dass wir zwar einige Hinweisschilder und Bushaltehäuschen sehen, aber wir fahren nur noch durch Wald, Wald und Wald. Der Verkehr wird spürbar geringer, die Straße gehört jetzt uns. Es wird Abend aber es bleibt nun hell und die Mitternachtssonne steht immer eine Handbreit über dem Horizont. Ständig. Ohne Gnade.

Trotz der Helligkeit wird es mittlerweile empfindlich kühl. Nach nass kommt kalt, denn erst jetzt merke ich, dass ich immer noch nicht richtig trocken bin. Ich friere und wünsche mir eine warme Unterkunft. Angeblich sollen auf der ganzen Strecke Hütten (schwedisch: Hytter) vorhanden sein, die der Reisende mieten kann. Auf Hinweisschildern wird mannigfaltig dafür geworben, doch für uns entsteht der Eindruck, dass die Schilder in einer Nacht und Nebel Aktion abgebaut werden, um uns zu ärgern. Ein paar Mal verlassen wir die E4 und suchen in Ortschaften nach Unterbringungsmöglichkeiten, doch entweder finden wir keine oder die Leute schlafen schon tief und fest. Irgendwann kann ich vor Kälte und Nässe nicht mehr weiterfahren und jammere Andrew die Ohren voll. Aber was soll er tun? Ich würde jetzt auf der Stelle den Schuppen von Michel aus Lönneberga (der in Schweden Emil heißt) mieten, wenn er verfügbar wäre. No Chance. Keine Hytter für die Söhne unserer Mütter! Wir müssen vorankommen, hier ist das buchstäbliche Nichts im Nirgendwo. Mein Song »Tales of never ending days« fällt mir plötzlich ein. Ein Leben in der Endlosschleife. So schön die Natur hier auch ist, ein wenig Abwechslung täte jetzt gut. Ich habe während der Fahrt so unglaublich viel Zeit zum Nachdenken. Das Leben ist ein langsamer Fluss, der sich in endlosen Schleifen durch Berg und Tal windet. Auch das Schöne kann abstumpfen, wenn es außer Schönheit nichts weiter gibt. In der Musik ist es ebenso. Das erinnert mich an meine Definition der Hölle: Wenn ich ohne Unterbrechung vierundzwanzig Stunden am Tag meine eigene Musik hören müsste.

Ich habe ein Einsehen, wir bleiben in Bewegung und halten weiter Ausschau nach bewohnten Gegenden. Wegen der nassen Kleidung, die nicht trocknen kann, brauche ich jetzt alle 50 Kilometer eine Aufwärmpause. Wir erreichen Örnsköldsvik, ich muss anhalten, um das Ortsschild fehlerfrei ablesen zu können, da fällt mir ein, dass ich den Namen schon einmal irgendwo aufgeschnappt habe. Richtig! Die Stadt ist der Firmensitz der Firma Fjällräven, ein Hersteller von Funktionsbekleidung. Wo ist der Werksverkauf? Ich würde sofort mein klammes und nasses Lederbeinkleid gegen eine synthetische Hose tauschen. Weg vom Leder! Doch nach einem Blick auf die Uhr setzen wir unsere Reise fort. Dem skandinavischen Verkäufer ist sein Feierabend heilig, da kann die ganze schwedische Langgablerfraktion abends frierend vor dem Werksverkauf stehen und Leder und Mordio schreien. Im Geiste boykottiere ich im Kältezitterdelirium schon sämtliche Funktionsausrüster, weil sie keine Nachtschalter für tageslichtscheue Motorradfahrer einrichten, bis mir einfällt, dass es hier um diese Tageszeit gar nicht mehr dunkel wird. Egal, es muss weitergehen, ich beiße die Zähne zusammen, drehe am Gasgriff und zähle die Bäume. Elche habe ich bisher nur auf den berühmten Verkehrsschildern gesehen. Das Unikat aus Holz in Gränna nicht mitgezählt. Es gibt gar keine Elche! Elche sind eine Erfindung der schwedischen Tourismusindustrie und der Automobilbauer.

Erleichterung stellt sich ein, als kurz nach 22 Uhr und gefühlten 124.234.345 Bäumen die Mitternachtssonne für uns Umeå erhellt, eine bezaubernde Stadt mit knapp 80.000 Einwohnern. Die nördlichste Universitätsstadt Schwedens wird im Jahr 2014 Europäische Kulturhauptstadt. Hurra! Hier muss es doch eine Bleibe für uns geben.

Sie: Die Harley ist kaputt. Sie hat Wasser im Vergaser. Er: Wasser im Vergaser? Das ist doch lächerlich! Sie:

Ich sag Dir, das Motorrad hat Wasser im Vergaser! Er: Du weißt doch nicht mal, was ein Vergaser ist! Wo ist die Harley? Sie: Im Swimming-Pool.

Es ist taghell in Umeå, die auch »Stadt der Birken« genannt wird, und trotz der späten Zeit sind viele Menschen unterwegs. Benzinmangel treibt uns als erstes an die Q8-Tankstelle. Ich tanke für umgerechnet ca. 20 Euro voll und wir wärmen uns kurz im Gebäude bei einem Becher Kaffee auf. Der Verbrauch meiner Harley ist gar nicht so übel, bei Geschwindigkeiten unter 100 km/h verbraucht sie etwas über 5 Liter Superbenzin. Es zieht uns weiter in die Innenstadt. um zu schauen, ob sich eine Bleibe findet.

Wir betreten ein Hotel und hören: »Booked out!« Das soll sich noch ein paar Mal wiederholen. Nichts zu machen. Gerade will ich eine weitere Luxusherberge betreten (und bin schon so weit, ein Höchstgebot für ein Zimmer abzugeben) da spricht mich ein deutscher Urlauber aus Düsseldorf an und fragt erstaunt, was wir hier treiben. Ich erzähle ihm unsere Geschichte, er zuckt nur mit den Schultern und erklärt, die Zeit der Feiern der Sommersonnenwende sei angebrochen und in dieser Woche kommen Scharen von Menschen nach Umeå, um gemeinsam zu feiern. Wir würden kein Glück haben, es gäbe keine freien Zimmer mehr. In diesem Moment denke ich ernsthaft daran, Umeå den Titel der Europäischen Kulturhauptstadt abzuerkennen. Doch einen Versuch will ich noch wagen: Ein Viersterne-Hotel liegt etwas abseits. Und siehe da: Die Rezeption ist zwar nicht mehr besetzt, aber wir können ungehindert die Hotellobby betreten. Nun legen wir für uns das Jedermannsrecht (schwedisch: allemansrätten) ein wenig großzügig aus und machen es uns gegen 2 Uhr morgens gemütlich. Es ist schön warm hier. Das breite Sofa ist viel zu bequem und mit Unmengen von Papier trockne ich meine feuchten Sachen.

Nach etwa zwei Stunden Aufenthalt brechen wir wieder auf. Ich fühle mich richtig gut und beschließe, Umeå den Titel zu lassen. Bevor wir weiterfahren schaue ich auf die Uhr. 4 Uhr in der Frühe ist cs, hell wic am Nachmittag, jedoch nach wie vor empfindlich kalt. Die Müdigkeit steckt uns beiden tief in den

Knochen. Kein Wunder, wir haben ja kein Nickerchen einlegen können und fahren weiter nordwärts durch den schwedischen Wald, der jetzt ab und zu aufbricht und die Sicht auf dem Bottnischen Meerbusen freigibt. Elche und Vielfraße (die es in der Gegend geben soll) werden von uns immer noch nicht gesichtet. Die Snacks aus Sundsvall sind längst verdaut, ein leichtes Grummeln in der Magengegend macht sich bemerkbar. Aber hier ist ja weit und breit nichts. In Skellefteå (mein Gott, wer denkt sich solche Ortsnamen aus) muss ich meine schwedische Sitzhilfe Rumpaträ installieren und nutze die Gelegenheit zur Rauchpause.

Die Straßenverhältnisse in Schweden sind übrigens hervorragend. Griffiger Belag, selten gibt es Schlaglöcher. Ab und zu passieren wir eine Brücke. Die Sonne steht wie erstarrt eine Handbreit über dem Horizont. Trotzdem wird es nicht wärmer. Es ist menschenleer. Die Höchstgeschwindigkeit beträgt 110 km/h, manchmal auch 120 km/h auf gewissen Abschnitten. Motorräder mit Anhänger dürfen max. 80 km/h fahren, diese Erwähnung im Reiseführer belustigt mich. Oder auch: Erblickt man ein Schild mit dem Wort »Tomgångskörning«, so bedeutet das, das man sein Fahrzeug innerhalb einer Ortschaft nur eine Minute warmlaufen lassen darf. Dabei muss ich an meine Choke-Wäscheklammer denken. Ich ertappe mich gelegentlich dabei, dass ich schneller fahre. Ab und zu stehen am Straßenrand Schilder, die vor stationären Radarkameras warnen. Wir kontrollieren dann ängstlich die Geschwindigkeit unserer Motorräder. Sonst eigentlich nicht. Mobile Kontrollen haben wir bisher nicht gesehen und zu manchen Gelegenheiten haben wir richtig Gas gegeben. Immer schnurgeradeaus durch die Wälder, das wird auch mal eintönig, da wird am Gasgriff gespielt. Das soll man jedoch nicht machen, die Strafen für zu schnelles Fahren in Schweden sind empfindlich teuer. Schon einige wenige Kilometer über dem Limit können ca. 200 Euro kosten. Apropos Kilometer: Wenn man in Schweden jemanden nach dem Weg fragt, sollte man wissen, dass dortzulande früher die Entfernung in Meilen angegeben wurde, eine schwedische Meile entspricht allerdings 10 Kilometer!

Die hohen Nadelwälder werden immer öfter durch Birken abgelöst, wir registrieren einige Sümpfe und erreichen Gammelstad, das alte Zentrum der kleinen nordschwedischen Küstenstadt Luleå am Bottnischen Meerbusen mit gut 45.000 Einwohnern, ungefähr 110 Kilometer südlich des Polarkreises am nördlichen Ende der Ostsee. Hier in dieser Stadt kühlt der Sozial-Netzwerkbetreiber Facebook seine Technik in drei Hardwarehallen mit einer Fläche von zusammen 28.000 Quadratmetern. Wenn die Server-Farm fertiggestellt ist, wird sie das weltweit dritte Zentrum für den gigantischen Datenverkehr von 800 Millionen Nutzern sein. Vorteil: Der hohe Strombedarf kann hier ausschließlich mit Wasserkraft gedeckt werden. Dieses Projekt bringt eine Menge Arbeitsplätze in die Region. Hier hat Schweden eindeutig die Nase vorn.

Für uns ist es an der Zeit, unseren Benzinbedarf zu decken und einen Tankstopp bei Statoil einzulegen, diesmal fließt Benzin für knapp 27 Euro durch den Zapfhahn in meinen Tank. Östlich von uns breitet sich Finnland aus, Oulu liegt nur noch ca. 260 Kilometer entfernt auf der anderen Seite der Ostsee, da streben wir jedoch nicht hin. Nein, für uns heißt das nächste Ziel Tornio, die schwedisch-finnische Grenzstadt. Das schaffen wir trotz der Müdigkeit locker noch in dieser Nacht.

Riowani

Andrew möchte unbedingt nach Riowani. Er spricht nun immer häufiger davon. Habe ich irgendetwas nicht verstanden oder bei der Vorbereitung nicht aufgepasst? Ich kann mir unter Riowani nichts vorstellen, scheue mich aber, ihn danach zu fragen, weil ich denke, es ist vielleicht ein wichtiges Ziel auf unserer Tour zum Nordkap. Was würde er von mir denken! Vielleicht ist Riowani ein christlicher Wallfahrtsort mit Stabkirche oder eine ehemalige Kultstätte der nordischen Wikinger, die vor eintausend Jahren in diesem Landstrich gelebt haben. Oder gibt es eine Artistentruppe namens »Circus Riowani«? Ein finnischer Badeort mit Dampfsauna? Jedenfalls muss es etwas mit Rentieren zu tun haben, die einmal im Jahr zu einer Mission aufbrechen. Unbedingt will ich jetzt aber wissen, wo dieses geheimnisvolle Riowani liegt, denn, soviel habe ich über den Ort erfahren, wir müssen einen kleinen Umweg einlegen, wollen wir dorthin gelangen. Ich grüble weiter darüber nach, wie ich Andrew das Geheimnis um Riowani entlocken kann, ohne mir eine Blöße zu geben. Vielleicht verwechselt er aber auch im Schlafentzugdelirium den nordschwedischen Staatsforst mit seiner schwäbischen Heimat im Schwarzwald und hinter der nächsten Nordmanntanne taucht plötzlich der Holländer Michel mit seinen Holzarbeitern auf und entführt uns in sein Reich nach Riowani. Ich kann keinen Wald mehr ertragen, keine Nadelbäume und keine Birken mehr sehen. Stundenlang phantasiere ich vor mich hin. Und auf einmal sind wir am Ende von Schweden. Geografisch gesehen.

Wir fahren im Schritttempo auf die grüne Grenze zu. »Da!«, ruft Andrew aufgeregt »Riowani!« und weist auf ein Verkehrsschild. Ich starre wie gebannt auf das Schild und mir fällt der Kinnriemen herunter. Ich lese: 120 Kilometer bis ... Rovaniemi.

Finnland erwartet uns ohne Grenzkontrolle mit einer dampfenden Tasse Kaffee und einigen deftigen Snacks an einer geöffneten Großtankstelle direkt am Ortseingang in Tornio. Diese älteste Stadt Lapplands hat ca. 22.000 Einwohner und ist ein wichtiger Industriestandort. Fast fühlen wir uns schon heimisch, bezahlt wird in Euro und die Preise unterscheiden sich nicht großartig von denen in Deutschland. Neben der Tankstelle stehen Tische und Bänke auf einer kleinen Wiese. Wir tragen unsere Tabletts nach draußen, frühstücken ausgiebig, nutzen das WC zur Katzenwäsche und beugen uns über die Karte. Die zurückgelegten 1.300 Kilometer ohne Schlaf machen sich spürbar bemerkbar, doch durch die Rast ist die Müdigkeit vorerst verflogen. Jetzt wollen wir durchhalten bis Rovaniemi. Wir möchten unbedingt einen kleinen Abstecher zum Weihnachtsmann machen. Der wohnt dort nämlich. Auch im Juni.

Ein Katzensprung für uns, die motorisierten Recken, die durchnässt, müde und auf einem Stück Holz sitzend, das einen Namen trägt, Schweden fast in einem Rutsch längs durchquert haben! Wir befinden uns immer noch auf der E4. An fast jeder zweiten Bushaltestelle muss unser Tross halten und die Handflächen kräftig gegeneinander reiben, vielleicht hätte ich nicht so abfällig über die beheizbaren Lenkergriffe der BMW-Warmduscher lästern sollen.

Während in Schweden genügend Schilder auf Geschwindigkeitsbegrenzungen hinweisen, setzt Finnland eher auf das Überraschungsmoment. Hier wird vorausschauend in unangekündigte Radarkameras investiert. Das lässt den Motorradfahrer kalt, denn geblitzt wird in der Regel von vorn und dementsprechend kein Kennzeichen erkannt. Trotzdem ist Vorsicht angesagt: Bei Tempo-Überschreitungen von mehr als 21 km/h werden keine festen Sätze berechnet, sondern Tagessätze auf Basis des Einkommens der Verkehrssünder. Diese Erfahrung musste auch der finnische Millionär Jari Bär machen. Weil er in einer 60er-Zone mit 82 km/h geblitzt wurde, soll er nun sage und schreibe 112.000 Euro Strafe zahlen. Also runter vom Gas! Bis ich allerdings die Schrift auf dem unten abgebildeten Schild entziffert hatte, war die Kamera längst passiert.

Kurz vor Rovaniemi holt uns die Müdigkeit ein, wir parken unsere Motorräder an einer Talsenke und Andrew spendiert eine Dose vom »Roten Bullen«. Die Inhaltstoffe lassen uns die letzten Reserven mobilisieren. Weiter! Nach einiger Zeit, einem total lahmen Lastwagen folgend, gelangen wir in die Hauptstadt der nordfinnischen Landschaft Lapplands. In unmittelbarer Nähe befindet sich der »Arctic Circle«, der Polarkreis, was bedeutet das? Nichts weiter, als das die Sonne an den Tagen der Sonnenwende gerade nicht mehr auf- bzw. untergeht. Gefühlt haben wir das schon seit gestern, aber jetzt ist es amtlich. 15 Kilometer nördlich der Stadt Rovaniemi befindet sich seit 1983 das Weihnachtsmanndorf, eine Touristenattraktion, in der (nicht nur) Kinder ganzjährig den leibhaftigen Weihnachtsmann begrüßen können. Das muss man wissen, sonst landet man in der City (so wie wir) und sucht vergebens nach Santa Claus. Irgendwo löst meine Müdigkeit nun doch einen Blitzer an der Straße aus, anders kann ich mir das nicht erklären. Angstvoll denke ich an Jari Bär. Aber es geschieht nichts weiter. Zeit für eine weitere Benzinfüllung der Bikes, ich tanke voll für 20 Euro. Der Tankwart gibt mir freundlich den Tipp: Den Hinweisschildern nach »Napapiiri« folgen, das ist finnisch und bedeutet »nördlicher Polarkreis«. Angeschlossen ist ein »Weihnachtsmann-Postamt«, das Briefe von Kindern aus aller Welt an den Weihnachtsmann bearbeitet und beantwortet. Es gibt einen gelben und einen roten Postkasten. Post, die im gelben Briefkasten landet, wird sofort zugestellt, die Sammlung im roten Briefkasten wird pünktlich zur Weihnachtszeit ankommen. Ich probiere beide Sammelbehälter aus und gebe jeweils Urlaubs- und Weihnachtspost auf.

Als ich Monate später schon nicht mehr daran denke, rufen mich Freunde um die Jahreswende an, danken für die schöne Weihnachtspost und wünschen mir ein wundervolles Weihnachtsfest in Finnland, obwohl ich ja schon längst wieder daheim bin! Das Santa Claus Center lässt uns nicht ein, es öffnet erst Ende Juni. Der Weihnachtsmann heißt in Finnland übrigens Joulupukki. Eine weitere Attraktion dieses Santa Claus Village ist der am Boden eingezeichnete Polarkreis und das gelb-rote Denkmal. Das ist die zweitwichtigste Station auf dem Weg zum Nordkap und ein Foto vor dem Stahlgerüst ist Bikerpflicht. Notfalls die Kamera auf einen Stein postieren und mittels Fernbedienung auslösen. So habe ich es gemacht.

Der tatsächliche Polarkreis befindet sich jedoch inzwischen schon ca. 120 Meter weiter nördlich des Weihnachtsmanndorfes. Niemand stört sich ernsthaft daran. Schuld ist sicherlich auch die globale Erderwärmung. Apropos: Mittlerweile ist es richtig warm am Polarkreis. Das große Thermometer in Napapiiri zeigt 17 °C am Vormittag! Das glaubt uns niemand mehr zuhause. Wir erstehen den ortsüblichen Kaffee, einige Backwaren und finnische Rentiererzeugnisse zum Knabbern, suchen uns draußen in der Sonne eine Bank, schreiben Ansichtskarten und Weihnachtspost im Juni und erstehen Präsente für die Lieben daheim. Ein Hoch auf vorformatierte und ausgedruckte Adressaufkleber! Ich besorge mir im Postamt ein Paketset und versende das schrottige Navigationsgerät und mehrere Devotionalien direkt an meine Heimatanschrift. Ein schweres Wertpaket für 17,70 Euro. Problemlos, Finnland ist EU-Land. Der Versand ist auch eine gute Idee, sonst würde ich jetzt mit einem riesigen Plüsch-Rentier auf der Harley fahren und die BMW-Fahrer würden mich auslachen. Trotz (oder auch wegen) der Wäscheklammer am Choke und Rumpaträ. Nein, danke!

Zurück im Zentrum von Rovaniemi sind wir kurz geneigt, eine Hütte zu suchen (finnisch: Mökki), der Gedanke erscheint in einer Stadt jedoch sinnlos. Von einem Passanten bekommen wir einen Tipp: Das »Hotelli Aakenus«, ein unscheinbarer Flachbau, offeriert Einzelzimmer für 62 Euro pro Nase. Gebongt!

Sauber, preiswert, freundlich, ausgestattet mit Parkplatz direkt vor den Zimmern, TV, Internet und – Sauna!

Schnell nochmal überschlagen: Wir sind in einem Rutsch von Gränna in Schweden bis Rovaniemi in Finnland ca. 1.500 Kilometer gefahren. Dafür waren wir 30 Stunden unterwegs und ließen eine Nachtruhe praktisch ausfallen. Wahnsinn! Ich bin mittlerweile total erschöpft, takele mein Bike komplett ab und gehe schlafen. Gute Nacht auf Finnisch heißt »Hyvää yötä«.

Rovaniemi hat ca. 60.000 Einwohner, gilt als »Tor zum Norden« und ist auch wichtiges Einkaufszentrum für die Siedlungen der Umgebung. Sehr gut ausgeschlafen stehe ich morgens um 7 Uhr auf der Matte, dusche, packe meine Sachen zusammen und schlendere in den Frühstücksraum. Es gibt Rührei mit Oliven, offenbar eine finnische Spezialität. Und Kuchen. Die Bedienung nickt freundlich. Allerdings sind die meisten Hotelgäste schon unterwegs, Oder in der Sauna. Finnland ist das Land der Frühaufsteher. Das Wetter hat wieder etwas aufgefrischt, ist jedoch trocken. Da mein Hintern sich mittlerweile an das stundenlange Sitzen auf dem niedrigen Harleysattel gewöhnt hat, trenne ich mich hier von meiner schwedische Holzsitzhilfe und werfe Rumpaträ auf die Wiese. Wörtlich übersetzt würde das Teil in Finnland »Näyttääpuutavara« heißen. Ehrlich! Motorrad heißt übrigens: Moottoripyörä. Ein wenig ungewohnt aber sehr sympathisch klingt der finnische Singsang in unseren Ohren. Es ist entfernt mit dem Ungarischen und eng mit dem Estnischen verwandt. Auch in Finnland sind die meisten Bewohner der englischen Sprache mächtig, wir haben überhaupt keine Verständigungsschwierigkeiten.

Kurz nach 8 Uhr sind wir soweit. Andrew ist wie immer schneller fertig mit dem Bepacken seiner Road King. Er schafft es, in Windeseile seine Kleidung anzulegen, den Helm aufzuziehen und den Startknopf zu drücken. Meist alles gleichzeitig. Wie macht er das nur? Ich scheitere stets im ersten Anlauf daran, die Jackenärmel über die langen Stulpen der Winterhandschuhe zu ziehen. Ist auch egal. Ich starte mein Moottoripyörä und wir fahren vom Parkplatz auf die Straße, die Koskikatu heißt, drehen links auf die Poromiehentie und gelangen automatisch auf die E75 in Richtung Inari am See Inarijärvi, der über 3.000 Inseln hat.

Nach einer Weile, irgendwo im Nirgendwo kurz vor Sodankylä stoppen wir unsere Fahrt. Der Nordteil des Gemeindegebiets gehört zum Siedlungsgebiet des Volks der Samen, dessen Angehörige vier Prozent der Bevölkerung hier ausmachen. Hier in der Nähe gibt es ein geophysikalisches Institut, wo Wissenschaftler das Nordlicht mittels Radarteleskop erforschen wollen. Leider erst im Winter, denn im Sommer sieht man das Phänomen ja nicht. Wir stehen vor einem der unzähligen Seen. Ein WC-Schild erinnert mich schmerzhaft daran, dass die Blase drückt.

Wo ist das Örtchen? Kann doch nicht sein, dass der See gemeint ist, oder? Ein paar hundert Meter weiter taucht ein kleines überdachtes Gebäude auf. Aha. Es ist ohnehin Zeit für eine Fahrtunterbrechung. Wie der Finne so schön sagt: Nichts bringt uns auf unserem Weg besser voran als eine Pause. Oder ist es ein asiatisches Sprichwort? Egal, es trifft den Punkt genau.

Wir legen eine Kaffeepause an diesem malerischen Wässerchen auf der Seeterrasse des Geschäftes eines finnischen Tierfellverkäufers ein und laben uns an Rentierfleischbrot. Hier ist alles kauderwelschartig ausgeschildert, ganz besonders große Buchstaben zieren die Ladenwand. Wird wohl viele Landsleute hierher ziehen, daher auch die mehrsprachigen Übersetzungsversuche.

Eine halbe Stunde später müssen wir unbedingt wieder unsere Fahrt stoppen. Die Gegend ist dermaßen menschenleer und selbst die Europastraße so wenig befahren, dass wir mitten auf der Piste anhalten und wie wild Fotos knipsen. Bilder einer menschenleeren Hauptverbindungstrasse von Finnland nach Norwegen. Zwei verrückte Deutsche, die auf amerikanischen Motorrädern die Einsamkeit in Lappland suchen und finden. Wir können unser Glück kaum fassen und fahren Slalom auf der Straße. Nur alle paar Minuten kommt ein Auto vorbei. Wir hören nur den Wind. Ein paar Äste knacken. Verschiedene Vogelstimmen sind zu vernehmen. Wir sehen weder Elche noch Mücken. Ein romantisches Plätzchen. Auch in Finnland gilt das skandinavische Jedermannsrecht, das hier »jokamiehenoikeus« heißt. Hier könnten wir theoretisch zelten und ein Lagerfeuer entzünden, doch es ist noch früh am Tag und wir sind noch nicht lange genug unterwegs. Wir halten uns an den finnischen Sinnspruch: »Das Glück kommt nicht beim Warten«. Daher genießen wir lieber die Fahrt durch die einsame Landschaft auf der breiten, schnurgerade verlaufenden Landstraße. So haben wir uns das vorgestellt!

In Saariselkä ist Tankstopp angesagt, Benzin für 25 Euro geht in meinen Besitz über. Beim Tanken sehen wir Rentiere am Straßenrand. Sie stören sich nicht an uns. Als wir jedoch näherkommen, laufen sie in den Wald. Schaffen wir es heute bis zum Nordkap? Es sind noch fast 600 km. Wir folgen der E75 weiter in Richtung Westen, es zeigen sich wieder schöne, bunte Häuser links und rechts der Straße. Eine Ortschaft naht. Schilder weisen nach Murmansk in Russland, das nur noch ca. 300 km entfernt liegt. Wir aber steuern unsere Maschinen weiter der Hauptstraße folgend nach Ivalo. Das ist mit 7.000 Einwohnern der größte Ort Nordlapplands. Auf einen Supermarktparkplatz halten wir an. Hier findet gerade eine Art Flohmarkt statt. Die Besucher sehen alle aus wie Jäger oder Angler, weidgrün gekleidet. Wir schauen auf die Karte. Die russische Grenze ist am Dreiländereck Finnland, Norwegen und Russland nur ca. 100 Kilometer von der E75 entfernt. Ein spontaner Besuch lohnt jedoch nicht. Ohne Visum gäbe es nur einen Blick auf die Grenze, erzählt man uns. Da wäre sonst nichts weiter zu sehen.

Das Schild nach Murmansk muss auf Bild gebannt werden. Wir sind ganz schön stolz, in so kurzer Zeit so weit gekommen zu sein. Nach Beendigung der Pause überqueren wir den Fluss Ivalojoki über eine große Brücke und verlassen Ivalo. Im letzten Jahrhundert wurde hier früher Gold gefunden. Geschürft wird immer noch, ca. 65 Claims soll es hier noch geben. Überliefert ist ein kleiner Goldrausch à la Klondike. Wenn uns das Geld ausgehen sollte, wissen wir jetzt jedenfalls, was zu tun ist.

Kaum haben wir ein paar Kilometer hinter uns gelassen, werden wir wieder mit phänomenalen Naturaussichten belohnt: Schnurgerade leere Straßen durch Nadelwälder und viele verstreute kleine und große Seen. Zu unserer Überraschung lässt sich auch hier keine einzige stechende Mücke blicken. Nur an unseren Scheinwerfern und an Andrews Windschild kleben ein paar Exemplare.

Auf einer Anhöhe schneit es sogar. Im Juni! Die Straße ist schneebedeckt, ich drossele das Tempo auf Schrittgeschwindigkeit und fürchte wegzurutschen. Es geht aber alles gut. Nur einige hundert Meter dauert der Spuk, dann ist der »Winter« vorbei und der Regen trommelt wieder an die Schutzbrille. Leider habe ich in der Aufregung vergessen, das Naturschauspiel zu fotografieren. Wo ist der Wald geblieben? Die Vegetation ändert sich. Hier sieht es jetzt aus wie in der russischen Tundra. An einer Weggabelung im Wildpark »Muotkatunturin erämaa« steht ein Hinweisschild nach Karasjok. Diesen Weg müssen wir nehmen. Es öffnet sich uns eine schnurgerade, jedoch unglaublich wellige Straße, die ca. 50 Kilometer lang ist und das Bild grenzenloser Weite vermittelt. Wir fühlen uns wie auf der historischen Route 66 in den USA, obwohl wir noch in Finnland sind, auf der Route 92. Unser Lied »Bound around« fällt mir dazu ein. Plötzlich sehen wir ein Warndreieck, dahinter ein Auto. Da hat wohl jemand einen Elch gerammt, zum Glück ist uns das nicht passiert. Es ist niemand mehr am Unfallort. Ok, dann weiter Richtung Norden. Die finnisch-norwegische Grenze ist jetzt nur noch knapp 60 Kilometer entfernt. Oh, diese Kälte! Aber ich halte durch. Die ohnehin karge Vegetation bildet jetzt bizarre Formen aus, teilweise sehen wir nur noch Moos auf nacktem Fels. Rauchsäulen sind auszumachen, vereinzelte Häuser kommen in Sicht, jetzt ein Ortsschild. Wir sind in Karigasniemi, der letzten Ortschaft Finnlands vor Norwegen. Hier wollen wir nochmal Sprit aufnehmen. Ich sehe eine Tankstelle an einem K-Market. In diesem Ort leben rund 500 Menschen. Die Mehrheit der Einwohner sind Samen, der Name »Lappen« gilt mittlerweile als respektlos, geografisch wird der Name Lappland jedoch noch häufig verwendet. Und auch in Gedichten, so heißt es z. B.: »Keiner, der nur einen Sommer Lapplands Sonne trank, kann anderswo glücklich sein.« Allerdings zweifle ich an diesem Zitat: »Keine Nacht ist so lang, dass der Tag nicht kommt«. Da es gerade an diesem Ort in dieser Jahreszeit immer hell ist, kommt hier garantiert für längere Zeit keine Nacht.

Berühmt sind die Sami für ihr Kunsthandwerk, bei dem vor allem verschiedene Holzarten, Birkenrinde, Zinn, Horn und Leder verarbeitet werden. Bunt ist ihre Tracht. Gelb steht für die Sonne, Rot für das Feuer und Grün für die Erde. Meine Klamotten dagegen sind einfach nur nasskalt. Ich muss unbedingt meine klitschnassen Sommerhandschuhe gegen die warmen Winterhandschuhe tauschen, bin aber kaum in der Lage, meinen Helmverschluss mit den kalten Fingern zu öffnen. Andrew muss helfen. Meine Hände sind ganz schwarz von der Handschuhfarbe und ganz blau vor Kälte. Nach der Tankung wollen wir bezahlen und suchen die Kasse. Es gibt keine. Jedenfalls nicht hier. Ratlos schauen wir in die Gegend. Neben der Tankstelle ist nur der K-Market. Andrew findet heraus, dass dort an der Supermarktkasse die Tankrechnung beglichen wird.

Prima, dann können wir noch ein paar Waren einkaufen. Anschließend in die Schlange an der Kasse einreihen, das Einkaufsgut über das Band schieben und nicht vergessen, die Tankrechnung zu begleichen. Interessant! Ein paar hundert Meter weiter befindet sich ein richtiges Sami-Roadhouse, das Ravintola Restaurant Kalastajan Majatalo. Wie an der Route 66 sieht es hier aus, die müssen ein Faible für den American Way Of Life hier haben. Restaurant, Kneipe, Disco und Spielhalle in einem. Ich wette, die Leningrad Cowboys waren auch schon hier. Wahrscheinlich werden drinnen auch Konzerte veranstaltet. Meine klammen Finger verhindern jeden weiteren Gedanken daran, schnell entern wir die warme Stube. Wir trinken einen Kaffee, langsam melden sich die Nerven der Extremitäten durch ein Kribbeln zurück. Es herrscht ein buntes Treiben an der Grenze, viele Norweger kommen nach Finnland und besonders in den Grenzort Karigasniemi. Dort ist alles erschwinglicher als im hochpreisigen Norwegen. Bestärkt durch eine weitere samische Weisheit: »Reisen ist besser als Weilen«, verlassen wir das urige Gasthaus, besteigen unsere treuen Eisenpferde und fahren über die grüne Grenze nach Norwegen, ins Land der Fjorde und Trolle. Grenze? Ach ja, die alte Reichsgrenze, die auf der Mitte der Brücke über dem Fluss Inarijoki liegt. Das Foto zeigt die entgegengesetzte Seite der Brücke von der norwegischen »Riksgrensen« aus auf Finnland blickend. Majestätisch rauscht das Wasser unter uns hindurch. Ein paar Angler versuchen ihr Glück und werfen die Ruten aus. Sonst ist da nichts. Nur ein paar Schilder auf der E6. Das wichtigste Zeichen mahnt uns zu achtzig Stundenkilometer pro Stunde. Das ist in Norwegen die Höchstgeschwindigkeit auf Landstraßen. Ab und zu sind auch mal 90 km/h erlaubt, wenn angezeigt. Mehr nicht. Und Autobahnen gibt es nur rund um Oslo. Falls wir mit erhöhter Geschwindigkeit erwischt werden sollten, sehe ich uns schon am Inarijoki Gold waschen. Falls das nicht klappt, werde ich umdrehen und in Karigasniemi Live-Auftritte organisieren. Oder ich baue schwedische Motorradsitzhilfen. Und hier kommt mir die Erkenntnis: Ein Tag auf dem Moottoripyörä ist sinnvoller als eine Stunde beim Psychologen. »Hjertelig velkommen i Norge!«

Der Honighafen

Berge! Endlich sehen wir mal etwas anderes als Flachland, mickrige Hügel und Tundra. Große schneebedeckte Berge weisen uns den Weg in die nordische Ferne. Schnee liegt auch überall entlang der Straßen, wahrscheinlich ganzjährig. Leider sind die Straßenverhältnisse um Karasjok deutlich schlechter als in Finnland. Komisch, man denkt sofort an die Binsenweisheit, die Norweger schwämmen doch im Geld. Legen ihre ganzen Ölkronen (die Gewinne aus dem staatlichen Öl-Monopolgeschäft) in Pensionsfonts an. Offiziell heißt es, die nachfolgenden Generationen sollen auch noch etwas davon haben. Trotzdem sollte doch noch ein kleines Budget für die Straßendecke drin sein? Ich bin überrascht, als ich erfahre, dass Norwegen der drittgrößte Erdölexporteur der Welt ist. Mehr Geld je Einwohner erwirtschaften in Europa nur noch Liechtenstein und Luxemburg. 30 Milliarden Euro jährlich betragen die Gewinne aus der norwegischen Ölförderung. Dazu die Überschüsse aus 25 Prozent Mehrwertsteueraufkommen. Naja, je südlicher wir später fahren, desto besser werden die Straßen. Insgesamt lernen wir den rauen und griffigen Belag schätzen, der sicherlich mehr Reifenprofil frisst aber uns ein gutes Gefühl der Sicherheit gibt. Einstweilen geht es von Karasjok, der sympathischen Stadt mit gerade fast einmal 2.800 Einwohnern, weiter die E6 entlang Richtung Norden, am Sameting vorbei, der parlamentarischen Vertretungen des Volks der Samen in Finnland, Schweden und Norwegen. Das Gebäude sieht aus wie eine Mischung aus konischem Samenzelt und

Eisberg und hat momentan 43 Mitglieder, die alle vier Jahre direkt gewählt werden.

Übrigens sehen wir viele »Lávvu«, das sind die typischen Zelte der Sami, die uns stark an die Tipis der nordamerikanischen Prärie-Indianer erinnern. Ein anderes samisches Wort dafür ist »Goahti«. Die Bezeichnung »Kohte« für ein Gruppenzelt der deutschen Jugendbewegung wurde davon abgeleitet.

In Karasjok wurde am 1. Januar 1886 mit −51.4 °C die tiefste jemals in Norwegen gemessene Temperatur registriert. Das hilft mir jetzt auch nicht weiter. Ich friere! Es sind nur noch 265 km zum Ziel, das muss doch zu schaffen sein! Die Region, die wir durchfahren, nennt sich Finnmark (Land der Finnen) und ist Norwegens flächenmäßig größter und mit nur 1,5 Einwohnern pro km^2 zugleich bevölkerungsärmster Verwaltungsbezirk.

Die hier immer noch schlechten Straßen werden kurviger. Alles ist menschenleer, die Vegetation tundraartig. Schneller fahren? Lieber nicht. Ich habe das Gefühl, das dieser ewige Regen härter ist als bei uns in Deutschland. Kann man härteres Wasser in Form von Regen auf einem Motorrad spüren? Ich fühle mich wie ein Schwimmer im Nordmeer, nass und kalt. Ein weiteres Sprichwort fällt mir ein: »Wenn du das Wetter in Norwegen nicht magst, dann warte fünf Minuten.« Haha! Meine Füße sind zu Eisklumpen erstarrt. Selbst Andrew weigert sich, an einer nicht überdachten Tankstelle Treibstoff aufzunehmen. Wir halten, damit ich an einer alten, verlassenen Fabrik im Schutz einer längst verblichenen Markise eine Zigarette rauchen kann. Der einzige trockene Ort weit und breit. Es soll ja Reisende geben, die kurz vor dem Nordkap aufgeben. Aber wo soll man hier hin? Hier ist nichts. Hätten wir doch nur die warmen Fellmützen gekauft, mit denen wir noch vor Stunden lachend und prustend posierten!

Je näher wir der Insel Magerøya kommen, auf der das Nordkap liegt, desto windiger und kälter wird es. Erwähnte ich bereits, dass es regnet? Entschuldigung, ich halluziniere schon. Andrew meint, wären es hier immer 20 °C, würde schließlich jeder ans Nordkap fahren. Da hat er Recht und ich zittere zustimmend. Trotz des Wetters eröffnet sich ein bombastisches Naturschauspiel. Ab der Ortschaft Molund (wohnt hier jemand?) in der Provinz Porsanger können wir das Nordmeer sehen. Wir fühlen uns wie im Mittelalter. Das Auge erkennt nur die (g)raue See und die Straße, die sich wie ein Band serpentinenartig um die Felsen schlängelt. Wie für einen Schwarzweiß-Film gemacht. Die Berge hoch und runter in die Täler, die Fahrt führt durch zahlreiche, düstere Tunnel, in denen es zusätzlich eisig kalt ist. Da wählen wir doch lieber den Durchmarsch durch den Regen, der ist etwas wärmer und die Sicht ist besser. In Norwegen sind die Tunnel übrigens derart schwach beleuchtet, dass ich gelegentlich die Sonnenbrille abnehmen muss. Trotz permanentem Fahrtlicht. Noch 150 Kilometer sind es bis Honningsvåg, dort wollen wir uns ein Hotel suchen. In Abwandlung eines irischen Sprichwortes kommt mir in den Sinn: »Der Sommer in Skandinavien fällt in diesem Jahr auf einen Montag.«

Platz 1 in der Liste der am wenigsten genutzten Gegenstände (das Zelt nimmt an der Wertung nicht mehr teil) belegt der Wassersack. Wofür habe ich den bloß mitgenommen? Es regnet wie aus Eimern und in Norwegen sieht man vor lauter Flüssen, Wasserfällen und Seen selten ein Stück trockenes Land. Das Land müsste eigentlich Wasserwegen oder Norwasser heißen. Verdursten ist sicherlich im Land des Wassers die seltenste Todesart. Sollte mir das hier widerfahren, komme ich ganz bestimmt auf die Titelseiten der unzähligen Tageszeitungen, die es hierzulande gibt. Die Schlagzeile sehe ich schon deutlich vor meinem geistigen Auge: »Deutscher Tourist verdurstet mit Wassersack im Regen!« Ich denke darüber nach, den Wassersack aufzublasen und als Kopfkissen zu benutzen, sollten wir jemals zelten. Oder ich kehre um, zurück zum Flohmarkt nach Ivalo und verkaufe das gute Stück an die Männer im grünen Jagdkleid. Vom Erlös lege ich mir einen Claim zu und wasche Gold.

Nach unendlicher langer und trotz aller Naturschönheiten deprimierender Fahrt in Kälte und Regen erreichen wir gegen 21 Uhr den Nordkaptunnel, der als Teil der Europastraße 69 das norwegische Festland mit der Insel Magerøya verbindet. Er ist gesperrt! Somit kann ich eine Zigarettenpause einlegen. Wir hören Geräusche. Kurze Zeit später nähert sich ein

Fahrzeug in schneller Fahrt, ein Arbeiter steigt aus, räumt die Sperre zur Seite und gibt den Eingang zum Tunnel frei. So stelle ich mir den Schlund der Hölle vor, der Tunnel fällt steil und dunkel ab. Es wird bitterkalt, die Höhlenwände sind feucht, die Fahrbahn ist nass und spärlich beleuchtet. Wie in der Geisterbahn, für 10 Euro pro Person mit dem Motorrad, die wir noch zahlen müssen. Knapp zwei Wochen später wird die Maut hier abgeschafft, weil das Bauwerk abbezahlt ist. Der Nordkaptunnel ist 6875 Meter lang und liegt an der tiefsten Stelle 212 Meter unter dem Meeresspiegel. Brr! Das Gefälle beträgt bis zu neun Prozent, ab und zu wird es neblig im tiefen schwarzen Schacht. Die Röhre wurde 1999 von König Harald nach fünfjähriger Bauzeit eröffnet. Hurra!

Das erinnert ein wenig an »Asterix bei den Schweizern«. Dort wird den Fremden erzählt, sie können jetzt komfortabel die neue Brücke benutzen, die Cäsar erbaut hat. Ich erwähne das jetzt nur, weil manch alter Biker, der das Nordkap schon vor Jahrzehnten tapfer angesteuert hat, verächtlich schnaubt und erwidert: »Tunnel. Ach, Ihr Greenhorns! Wir haben noch die alte verrostete Fähre zum Kap nehmen müssen und sind auf Schotter durch ganz Norwegen gefahren, durch Eis und Schnee!« Amen.

Endlich sehen wir Licht am anderen Ende der Röhre. Wir stoppen am Parkplatz hinter dem Nordeingang der Tube, ich rauche eine Zigarette und benutze das beheizte WC zum Aufwärmen. Dabei fällt mir der Fahrradfahrer auf. Er hat mit seinem Drahtesel ganz Nordeuropa bereist und ist bereits seit Monaten unterwegs. Da er vor Kälte zittert wie ein Aal, verstehe ich sein Englisch nicht so gut. Trotzdem Respekt.

Es geht noch schön (kalt) an der Südküste der Insel Magerøya entlang, nach 20 Kilometer erreichen wir Honningsvåg mit seinen 2370 Einwohnern. Ein verschlafenes Hafennest ist das Fleckchen, das erst 1998 den Stadt-Status erhielt und damit Hammerfest den Titel der nördlichsten Stadt Europas streitig machen könnte, doch das wollen die Einwohner gar nicht, es bleibt alles beim alten. Da die Zeit voranschreitet, lassen wir an der Shell-Tankstelle eilig Benzin in unsere fast leeren Tanks strömen. Ich bezahle umgerechnet 26 Euro, das ist in Ordnung, der Verbrauch meiner Harley stimmt mich zufrieden. Gegen 22 Uhr erreichen wir das »Hotel View«, dass wir zufällig ansteuern, weil ein auffälliges Schild darauf aufmerksam macht. Kein besonders schönes Gebäude von außen, Andrew meint, es sähe aus wie eine Bohrinsel im Nordmeer. Prima, das gefällt mir! Wir bleiben und beschließen, erst am nächsten Vormittag zum Nordkap zu fahren, da auch schönes Wetter angekündigt ist. Pudelnass stehen wir am Empfang des Hotels und drücken auf die Klingel. Erst sanft, dann immer energischer. Konrad, der Besitzer erscheint nach einer

Weile in ein Handtuch gewickelt und entschuldigt sich, er habe gerade sauniert. Sauna? Na, prima! Er nimmt uns freundlich auf und führt uns durch das Haus, das auch über einen Heizungsraum verfügt, in dem unsere feuchten Motorradklamotten trocknen können. Ist ja wie im Paradies hier! Ein Parkplatz vor der Tür, eine Sauna, die wunderbare Aussicht. WLAN-Empfang ist ebenfalls verfügbar, TV auf den Zimmern leider nicht, dafür hängt ein riesiger abgeflachter Bildschirm neuerer Bauart im Gemeinschaftsraum. Und das alles für nur umgerechnet 91 Euro pro Nase. Anfangs schockt uns der vermeintlich hohe Übernachtungstarif. Später stellen wir fest, dass Zimmerpreise in Norwegen bis zu 250 Euro betragen können, je nach Auslastung des Hotels, Klassifizierung und Lage. Für uns ist es ein Glück, für diesen Preis ein Zimmer in der wirklich nördlichsten Stadt Europas zu bekommen. Unser Ziel, das Nordkap, ist nur noch 33 Kilometer entfernt. Gegen Mitternacht ist es freilich hell draußen und zu unserer Begeisterung hat der Supermarkt noch geöffnet. Unsere Unterkunft liegt idyllisch auf einer Anhöhe, wir laufen in die Stadt hinunter um anschließend ächzend und, beladen mit Einkäufen, den Berg wieder hoch zu tippeln. Später genieße ich noch einen schönen Saunagang bei 80 °C, falle wie ein Stein ins Bett, setze meine Schlafbrille auf und dämmere dahin. Nach 700 Kilometer nasskalter Fahrt schlafe ich wie ein Baby in der nördlichsten Stadt Europas, deren Name frei übersetzt »Honighafen« lauten würde. Allerdings stammt der Name wohl eher vom altnordischen »Hornungsvágr« ab, damit war offensichtlich ein Berg »Hornungr« in der Nähe der Stadt gemeint. »Vágr« oder »Våg« bedeutet Hafen, somit haben wir den (oder einen) Berghafen, der jetzt allerdings den

Stadtnamen Honningsvåg trägt. Ich finde die Bezeichnung Honighafen schöner. Ist vielleicht auch ein Traumberuf: Imker in Honningsvåg. Gibt es dort welche? Das wäre doch mal ein interessanter Beitrag zu den mittlerweile eher langweiligen Auswanderersendungen der heimischen TV-Landschaft. Doch es gibt tatsächlich Honigförderung in diesen Breitengraden, hier oben am Nordmeer. Auf der ebenfalls zur Finnmark gehörenden Insel Rolvsøy, Luftlinie ca. 100 Kilometer westlich von Honningsvåg, findet sich die nördlichste Imkerei der Welt, wo der einzigartige, rot-goldene Moltebeerenhonig herstellt wird, der zu den seltensten Honigarten der Welt gehört. Die Moltebeere, die man in Deutschland auch unter dem Namen Mult- bzw. Torfbeere kennt, ist die exotische Perle in der Natur Lapplands. Abgebildet ist die Moltebeere auch auf der finnischen 2-Euro-Münze.

Eisenkugel

Heute ist unser großer Tag! Da die Nordkapkapelle erst gegen 11 Uhr öffnet, haben wir viel Zeit zum Ausruhen und widmen uns einem ausgiebigen Frühstück im »Hotel View«. Es gibt jede Menge Fisch und vier Sorten norwegische Nuss-Nougat-Creme, dazu Ei, Marmelade und Kaffee in rauen Mengen. Und Knekkebrød. Ohne die staubtrockenen Scheiben ist ein Frühstück in Skandinavien undenkbar, ich bevorzuge heute das runde Knäckebrot. Ich erwähne Konrad gegenüber, dass ich gern einmal fachmännisch zubereiteten Stockfisch essen würde. Er freut sich darüber und verspricht, uns am Abend eine Portion zu servieren. Es komme nämlich auf die Zubereitung an, Stockfisch muss nach einem bestimmten System mehrmals gewässert werden. Leider vergesse ich, nach seinem System zu fragen. Wir haben uns während der Tour öfter Leckereien wie Stockfisch- und Reindeersnacks (Rentier-Salami im Mini-Format) in Supermärkten in der Finnmark gegönnt.

Die Sonne dringt manchmal durch die Wolken, es ist kaum zu glauben. Die Finnmark ist karg und schroff, diese sonderbare und subarktische Landschaft. Wenn die Sonne scheint, erfüllt ein Meer aus Farben die Landschaft. Gestern war es noch hundekalt, heute nieselt es nur ein wenig, wir haben es ist nicht weit, 33 lockere Kilometer sind es von Honningsvåg bis zur Nordkapspitze. Das Gepäck verbleibt im Hotel, ich schnalle nur meine kleine Outdoor-Gitarre auf die Harley. Uns eröffnet sich, nachdem wir die Stadt hinter uns gelassen haben, eine bildschöne Motorradstrecke bei einigermaßen klarer Sicht. Kein Wunder, dass es die Biker aus der ganzen Welt hierher zieht. Würzige, salzhaltige Luft füllt unsere Lungen. Rentierherden weiden links und rechts von uns. Moose und Flechten wachsen an den rauen Steinen, Bäume gibt es hier nicht. Nicht einmal verkrüppelte Birken. Das Wetter ist unberechenbar: Der Regen setzt aus, es wird auf einmal neblig und kühl. Der Kontrollpunkt auf dem Nordkapfelsen ist nicht besetzt, das bedeutet für uns: Freier Eintritt zum Nordkap!

Ich frage mich ohnehin, warum dort oben Eintritt verlangt wird. Die bedeutenden Natursehenswürdigkeiten in Norwegen sind meist kostenlos zu besichtigen. Ich höre ein Gerücht: Das Nordkap soll vom von norwegischen Staat an eine Gesellschaft verkauft worden sein. Hat es etwas mit Öl zu tun? Bei meinen Recherchen habe ich nichts weiter darüber gefunden, daher möchte ich keine Gerüchte verbreiten.

Ich lenke, einer Eingebung folgend, mein stählernes Gefährt am unbemannten Kassenhäuschen vorbei, poltere über den Parkplatz, balancierte die Harley durch die engen Begrenzungssteine, fahre an der Nordkaphalle rechterhand vorbei über eine steinige Ebene und stehe plötzlich, auf meinem Krad sitzend, direkt vor dem Denkmal mit der Weltkugel, dem berühmten Postkartenmotiv, das 1978 hier aufgestellt wurde. Ich befinde mich leibhaftig auf dem 71. Breitengrad Nord, 308 m über der Barentssee, auf der Felsnase, die den nördlichsten Aussichtspunkt Europas markiert! Weiter geht es nicht, genau hier ist das Ende der nördlichsten Straße Europas. Ein atemberaubender Ausblick. Ich bin 2.100 Kilometer vom

Nordpol entfernt und 520 Kilometer nördlicher als der Polarkreis. 3.231 Kilometer entfernt liegt meine Heimat. Und diese Gegend ist nicht immer kalt, windig, öde und menschenfeindlich. Im Gegenteil. Jetzt verwöhnt uns der Wettergott. Am Nordkap pulsiert das Leben. Ein fröhliches Stimmengewirr aus vielen Sprachen der Welt erklingt hier. Ab und zu kommt die Sonne raus und verteilt ein paar wärmende Strahlen, bis sie vom Nebel wieder eingehüllt wird. Ein Wechselspiel. Für diejenigen, die hier ihr Ziel erreicht haben, spielt das Wetter keine Rolle mehr und der Reisende bekommt einen ganz anderen Blick für die Schönheiten der kargen Landschaft.

Währenddessen hat sich Andrew mit seiner Harley auf einem Begrenzungsstein festgefahren und lässt sein Bike auf dem Parkplatz stehen. Ich bitte einen der wenigen Touristen, mich mit meiner Kamera vor der Eisenkugel zu fotografieren und erweise ihm den gleichen Gefallen. Endlich geschafft! Nach 5 Tagen und 3.500 Kilometern bei Wind und Wetter bin ich am Ziel. Der Traum ist wahr geworden. Einmal im Leben mit dem eigenen Motorrad am Nordkap! Weiter gen Norden kann ich mit dem Fahrzeug auf dem europäischen Festland nicht gelangen. Schnell wird der Moment genutzt, ich fotografiere mein treues Gefährt vor dem Denkmal, ausnahmsweise sind gerade keine anderen Besucher anwesend.

Ich bin am Ende der Welt! Am Ende meiner Welt. Mittlerweile trifft auch Andrew ein, wir umarmen uns fröhlich und nach vielen gemeinsamen Fotos packe ich meine zerlegte Outdoor-Gitarre aus uns setze sie zusammen. Ich stimme schnell die Saiten,

hänge mir meine Mundharmonika um den Hals, schäle mich aus meiner Jacke und hole tief Luft. Gerade verschwindet die Sonne hinter einer dichten Nebelwand. Eine natürliche Nebelmaschine, nur für mich. Andrew filmt mich, während ich vor dem Nordkap-Denkmal die Gitarre anschlage und »Far Away« singe.

Mein nördlichster Auftritt aller Zeiten! Mittlerweile auch zu sehen als Kurzfilm auf YouTube im Internet. Mein kürzester Auftritt aller Zeiten, denn es weht ein schneidiger Wind, der sofort die Saiten verstimmt. Egal! Ich muss gegen die stürmende Bö ansingen und schaffe nur das Vorspiel mit Mundharmonika, einen Textvers und den Refrain. Nicht nur in Gedanken bin ich weit weg, ich bin sozusagen »far away« von daheim entfernt. Die vorhandenen Zuschauer applaudieren. Ich gebe das Plateau frei, es wird sofort von den Neuankömmlingen geentert. Eine Frau schlägt ein Rad am Globus. Sehr artistisch! Erneut ertönt Applaus. Alle dokumentieren ihre Anwesenheit. Wer keine Kamera zu Hand hat, benutzt stattdessen ein Mobiltelefon. Hier rennen nur Verrückte herum und ich bin einer von ihnen.

Ich packe meine Sachen zusammen, zwänge mich wieder in die warme Jacke, starte die Harley und parke sie direkt vor dem Eingang der Nordkaphalle. Gerade klart das Wetter wieder etwas auf, der Gruppenzwang macht süchtig, wir nehmen ebenfalls unsere Kameras zur Hand und bannen alle Eindrücke auf die Speicherkarten. Wer weiß, ob wir jemals wieder hierher kommen. Ein willfähriger Besucher erweist mir die Freundlichkeit, uns in Siegerpose vor dem Nordkapdenkmal abzulichten. Danke schön!

Ab in die Nordkaphalle, der Norweger schreibt übrigens Nordkap mit zwei »p«. Im Souvenirladen wird erst einmal etwas Geld verbrannt. Etwas viel Geld, denke ich noch. Richtig heiß kommt die Bestellung unseres Tabletts mit zwei Kaffee, zwei Wasser und zwei kleinen Stückchen Kuchen. Umgerechnet 32 Euro wandern in Minutenschnelle durch unseren Schlund. Donnerwetter, bei dieser Rechnung würde selbst Adam Smith staunen. Aber die Leute hier oben leben nun mal vom Tourismus, haben keine Konkurrenz zu fürchten und Norwegen gilt als reichstes Land Europas, Öl sei Dank. Egal, denkt der Reisende in mir, ist doch nur Geld! Jetzt werden die obligatorischen Postkarten geschrieben und direkt im Nordkap-Postamt aufgegeben. Natürlich schreibe ich eine Karte an mich selbst, um mir später zuhause den Stempel ansehen zu können. Den habe ich mir jedoch spektakulärer vorgestellt. Egal, eine schöne Erinnerung ist es trotzdem.

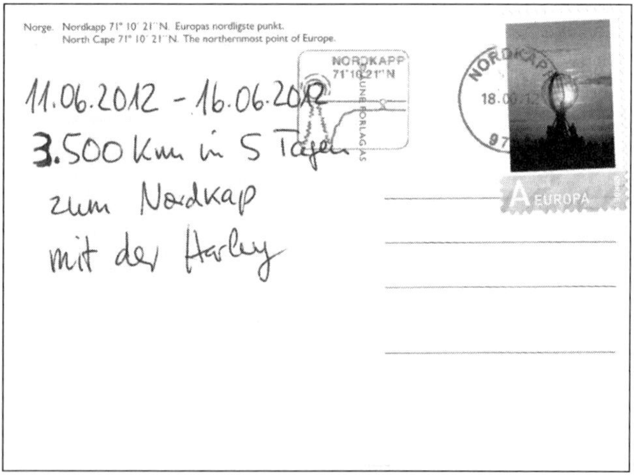

Wir sehen uns im Kino der Halle den Nordkapfilm an und bestaunen die Devotionalien des Kaisers Chulalongkorn von Siam (heute Thailand), der das Nordkap vor 100 Jahren besuchte. So wie wir. Allerdings bezweifle ich, dass der Despot damals seine

Droschke vom Eingang der Nordkaphalle entfernen musste; ich jedoch werde freundlich aber bestimmt dazu aufgefordert. Der junge Bedienstete gibt auch eine Erklärung dazu ab: Die Busse der Hurtigruten kommen gleich, da wird jeder Platz gebraucht. Und tatsächlich werden es knapp ein Dutzend Reisebusse, die Hunderte von Besuchern ausspucken. Die Ruderstraflinge dürfen kurz am Denkmal verweilen, sich bei Speis und Trank finanziell ruinieren und werden beizeiten geschlossen auf die Galeere zurückgekachelt. Das wäre nichts für mich. Vielleicht, wenn ich mal 100 Jahre alt bin und die Gitarre gegen Walking-Stöcke mit auswechselbaren Gummipuffer tausche.

Aber ich schweife ab. Ich bin im Begriff, mein Motorrad auf den großen Parkplatz zu fahren. Der Anlasser dreht langsam. Zu langsam. Die Batterie? Hm, für den Moment ist es in Ordnung, der Motor springt an, ich parke meine Nostalgia neben Andrews Schlachtschiff. Sollte die Batterie schwächeln, eine große Sache wird es schon nicht sein. Neben mir steht Andrew und platziert stolz den Aufkleber des Nordkaps mittig auf das Windschild seiner Road King, das schon mit einigen Zielen seiner unzähligen Touren verziert ist.

Zurück in der Nordkapphalle schauen wir uns noch die Grotten-Bar an, hier kann der Reisende nach alter Sitte Kaviar und Champagner genießen, wir lassen das mal lieber. Unterhalb der weißen Kuppel auf dem Dach befindet sich keine Wetterstation, sondern die »Suite 70°10‘21«. Das ist das Hochzeitszimmer. Leider kann ich die Örtlichkeit nicht besichtigen und habe auch später bei der Recherche keine Fotos darüber gefunden. Das Panorama von oben soll spektakulär sein. Die Heiratswilligen können sich in der blauerstrahlten St. Johannes-Kapelle, der nördlichsten ökumenischen Kirche der Welt, trauen lassen und gegen ein Salär von NOK 3.500 (mit Reservierung) oder 1.900 NOK (ohne Reservierung, auf gut Glück) die Hochzeitsnacht verbringen. Frühstück ist bei diesem stolzen Preis inklusive, Schampus auch. Wer Interesse hat, bitte hier anrufen: 78476860.

Vor der Nordkapphalle, auf einem abseits liegenden Areal des Nordkapfelsens, befindet sich das Denkmal »Kinder der Erde«, das von sieben Kindern aus allen

Erdteilen gestaltet wurde, Hoffnung, Freude und gemeinsames Schicksal soll es ausdrücken. Jedes Jahr wird zusätzlich ein Preis ausgelobt, der an eine Organisation geht, die sich um Verbesserungen der Lebensbedingungen von Kindern verdient gemacht hat.

Nebenbei fällt mir ein: Heute ist »Bloomsday«, ein irischer Gedenktag, an dem die Szenen aus »Ulysses« nachgespielt werden. Angelehnt an Homers Irrfahrten des Odysseus lässt der Roman von James Joyce den Leser an den Erlebnissen seines Protagonisten durch Dublin teilhaben. Am 16. Juni wird die Gesellschaft um Leopold Bloom unter anderem ein Bad am Forty Foot nehmen, später werden Lokalitäten aufgesucht, seltsame Dinge gekauft und Lieder gesungen. Mit etwas Phantasie ähnelt die Nordkaphalle dem James Joyce Tower in Sandymount. Ich habe gegessen und getrunken, Devotionalien gekauft, und auch ein Lied gesungen. Aber für ein Bad im Nordmeer an diesen schroffen Klippen gebricht es mir an Mut. Im Gegensatz zu Ulysses entpuppt sich unsere Fahrt zum Nordkap bisher nicht als Odyssee.

Nach einem wunderbaren und ereignisreichen Tag am Nordkap starten wir unsere Bikes. Da ist es wieder, das schwache Geräusch des Anlassers. Wir fahren zurück zum Hotel nach Honningsvåg, dem Honighafen. Ich schraube den Sattel meiner Harley ab, um nach der Batterie zu sehen. Konrad erkundigt sich und bietet seine Hilfe an. Er fährt mit dem Auto zum Hafen, um ein Ladegerät aus seinem Boot zu holen, damit kann ich die schwächelnde Batterie aufladen. Sehr sympathisch und hilfsbereit ist der Konrad, der mir erzählt, dass er eigentlich von den Lofoten stammt, im Ölgeschäft tätig war und nach dem Tod seiner Frau dieses Hotel gekauft hat. Andrew und ich beschließen, eine Nacht länger zu bleiben, es gefällt uns hier oben, wo mehr Rentiere als Menschen leben. Ich muss mich um mein Motorrad kümmern. Erst einmal das Ladegerät anhängen, dann sehen wir weiter. Tatsächlich ist die Spannung bei Anlage des Gerätes niedrig. Also abwarten.

Als ich später den Zustand der Ladung überprüfe, ist die Spannung vollständig abgefallen. Ich vermute immer noch einen Defekt der Batterie. Keine große Sache, denke ich. Batterie kaufen, weiterfahren.

Konrad versichert mir, in Alta, der größten Stadt der Finnmark und rund 200 Kilometer entfernt, gäbe es zumindest einen Batterieservice für Marinebedarf. Und was für Boote gut ist, ist auch gut für Harleys.

Allerdings ist der nächste Tag ein Sonntag, da sind die Geschäfte geschlossen. Alta liegt zwar auf unserem Weg in den Süden, doch wir planen, gleich nach Tromsø zu fahren, da gibt es nämlich den nördlichsten Harley-Davidson-Laden Europas mit angeschlossener Werkstatt. Allerdings beträgt die kürzeste Distanz dahin über 500 Kilometer und es sind zwei Fährpassagen enthalten. Wer nicht wagt, der nicht gewinnt! Ursprünglich sollte erst Hammerfest besucht werden. Doch das liegt zu weit nordwestlich (178 Kilometer von Honningsvåg, 141 Kilometer in anderer Richtung von Alta entfernt) und hat keinen uns empfohlenen Service. Wenn wirklich etwas passieren sollte, müssten wir sonst über Umwege nach Alta. Also: Hammerfest links liegenlassen. Schade!

Ich grübele noch über dies und das und stelle mir vor, wie ich mit meinem Starthilfekabel vor der Nase eines norwegischen Motoristen herumfuchtele. Starthilfekabel auf Norwegisch? Ist ganz einfach: Startkabler. Aber darum geht es gar nicht. Fast alle Norweger sprechen verdammt gut Englisch, ältere

Leute teilweise sogar Deutsch und wenn wir uns anstrengen, können wir sogar Teile des Norwegischen verstehen. Die meistgesprochene Sprache in Norwegen heißt Bokmål und ist eine der beiden offiziellen Standardvarietäten - schönes Wort, muss ich mir merken. Die andere Standardvarietät heißt Nynorsk und wird nur noch von einer Minorität in Norwegen gesprochen.

Konrad tröstet uns mit dem am Morgen versprochenen Stockfisch und mit selbstgefangenen Fischen. Eine Delikatesse! Für den Sonntagmorgen will er ein reichhaltiges Fischmenü servieren, uns freut es ungemein! Gegen Abend kommt Besuch aus Moskau. Drei russische Biker auf Harleys checken ebenfalls im Hotel ein. Zwei Männer und eine Frau. Herzlich willkommen! Sie haben die Sturzbügel ihrer Maschinen mit Leder bespannt, um keine kalten Füße zu bekommen. Plato erklärt uns, dass seine Freundin Katja das Leder um die Sturzbügel genietet hat. Katjas Harley trägt das russische Kennzeichen vertikal, tolle Idee, der deutsche TÜV wäre entzückt. Andrew und ich spazieren noch schnell zum Rema2000 (Supermarkt) um ein paar Snacks zu kaufen: Stockfisch zum Knabbern, Sardinen, Lakritz und Rentiersnacks (Bifi à la Rudolf, echt lecker) und schwuppdiwupp bin ich umgerechnet 70 Euro los. »Dafür bekomme ich in Deutschland eine neue Batterie,« denke ich noch. Gegen 2:30 Uhr setze ich meine Schlafbrille auf. Es ist taghell. Kein Laut durchdringt die Stille. Nur die Heizung im Zimmer gibt ein rhythmisches Ticken von sich. Gute Nacht.

Am Sonntagmorgen frühstücken wir ausgiebig und gut und verputzen Konrads leckere Meeresfrüchte.

Wie gewöhnlich verstauen wir unsere Habseligkeiten auf den Motorrädern. Plato hält eine Landkarte von Norwegen bereit, die er handschriftlich mit allen möglichen Harley-Werkstätten der Umgebung versehen hat. Mit sämtlichen Namen und Telefonnummern.

Der Mann denkt mit! Eine phänomenale Idee, ich fotografiere die Vorlage mit seiner Zustimmung ab, vielleicht erweist sich die Tat als hilfreich. Wir danken Konrad herzlich für die Gastfreundschaft und verabschieden uns auch von den drei Moskauern, die extra zum Anschieben meines Motorrades auf den Hof eilen, doch wider Erwarten springt die Harley nach energischem Druck auf den Startknopf richtig gut an. »Doswidanje!« und »Ha det!« schallt es uns nach.

Der Stator

Wir rollen den Berg hinab. Es folgt die Fahrt durch den Nordkaptunnel zurück, mir fällt auf, dass mein Scheinwerfer ein schwaches Licht auf die Tunnelwände wirft. Wir sind noch keine zwanzig Kilometer weit gefahren. Gut, würde da ein Problem auftauchen, können wir immer noch reagieren. Die Maschine läuft ja gut.

Kurz hinter Olderfjord, nach weiteren achtzig Kilometern, fällt der Tacho aus! Ok, der Tacho, der zeigt sowieso nur Blödsinn an. Aber jetzt mache ich mir echt Sorgen. Was hat die Kiste bloß? Vor über 17 Jahren habe ich das Schmuckstück nietnagelneu in der ehemaligen Harley-Davidson Vertretung Frankfurt »Number One Bikes« gekauft und außer den typischen Kinderkrankheiten und einigen im Laufe der Jahre verlorenen Schrauben hat es mich nie im Stich gelassen. Der Motor läuft ruhig, doch ich werde nervös und spiele während der Fahrt herum. Blinker: Null Reaktion. Fernlicht: Nicht mal ein Klicken. Ich mutmaße: An der Batterie kann es doch nicht liegen, wenn die Harley läuft, dann läuft sie und die Lichtmaschine produziert den Fahrtstrom und der Regler wandelt die Spannung in Gleichstrom um. Was wäre, wenn Regler oder LiMa hinüber sind? Ich habe kein

Auge mehr für die Schönheiten der Natur. Rentiere weiden friedlich neben der Straße, stehen auch schon mal auf ihr herum. Ich hupe, doch auch die Tröte gibt keinen Ton mehr von sich. Trotzdem: Keine Wolke am Himmel. Eitel Sonnenschein. Wenigstens der nordische Gott des Wetters ist uns gnädig!

Ziemlich genau 30 Kilometer vor Alta, im Niemandsland bei Uvjarohtu verarbeiten die Zündkerzen die letzten Zuckungen des Stromkreises und der Motor meiner Harley stirbt ab. Ich fische meine ACE-Mitgliedskarte samt Mobiltelefon aus der Tasche. Der Anruf in Stuttgart wird sofort entgegen genommen und der Herr in der Leitung erklärt mir, dass er jetzt erst einmal die dänischen Kollegen verständigen müsse, die dann ihrerseits sofort die norwegischen Helfer in Gang setzen würden. Das wäre der offizielle Weg. Andrew nutzt das Wetter aus und macht sich auf den Weg, um Kaffee zu besorgen. Gut. Ich warte und schaue mir die Gegend an. Einsam ist es hier. An den Straßenrändern liegt ewiger Schnee. Im Abstand von ca. 15 Minuten kommen vereinzelt Autos vorbei. Alle grüßen und fragen, ob sie helfen können. Langsam denke ich daran, mir ein Schild zu bauen: »Danke, Hilfe ist unterwegs!« Da fällt mir Platos Karte ein, ich greife in die Kameratasche, entnehme die Kamera, schalte sie ein, vergrößere die Aufnahme auf dem Display und finde tatsächlich einen lesbaren Eintrag: Ein Harley-Schrauber in Alta, mit Namen Jens Annfinsen und eine Telefonnummer dazu. Ist ja irre! Mir ist ohnehin schon aufgefallen, dass in Norwegen die meisten Biker Harley oder BMW fahren. Japanische Motorräder sind eher selten anzutreffen.

Drei Biker kommen in den Himmel und fordern Einlass, ein Yamaha-Fahrer, ein Honda-Treiber und ein BMW-Fan. Der Torwächter zum Yamaha-Fahrer: »Du bist immer zu schnell gefahren, hast rote Ampeln missachtet, Du musst in die Hölle.« Große Enttäuschung. Der Torwächter dann zum Honda-Fahrer: »Bei Dir war's auch nicht besser, du bist immer zu schnell gefahren, hast rote Ampeln missachtet, Du musst auch in die Hölle.« Wieder große Enttäuschung. Zum Schluss der BMW-Fahrer, der sich gerade rechtfertigen will. Der Torwächter: »Sag nichts, Du darfst rein, du hast die Hölle schon hinter Dir.«

Mittlerweile sehe ich mich schon hier in der eisigen Einöde zelten, mit einer Rentierkeule am Lagerfeuer. Wäre sicher kein Problem, denn das Jedermannsrecht (norwegisch: allemannsrett) erlaubt die freie Bewegung in der Natur. So dürfen in Norwegen Privatwege durchquert oder es darf überall gezeltet werden. Ein gewisser Abstand zu Häusern ist einzuhalten. Feuermachen ist nicht überall erlaubt und nach zwei Tagen soll man weiterziehen. Somit gibt es auch keine Privatstrände oder private Seen in Norwegen.

Nach einer Stunde des Wartens meldet sich der Servicehelfer per Telefon und teilt mit, er sei in 45 Minuten vor Ort. Gegen 15 Uhr rollt er ein, der Abschlepplader des Alta Bergingssenter, lädt die Harley samt Gepäck auf die Ladefläche, verzurrt die Maschine und widmet sich den Formalitäten. Ja, er kenne Jens, den rufe er gleich mal an. Umgängliche Menschen, die Norweger, sogar am Sonntag. Ein kurzes Gespräch. Leider sei Jens am heutigen Sonntag verhindert, ich solle direkt am Montagmorgen zu ihm kommen. So laden wir die Harley im Industriegebiet in Alta vor Jens' Werkstatt namens Biker's Corner ab. Macht einen soliden Eindruck, der Laden. Fertig machen zum Abladen des Gepäcks. Darin habe ich inzwischen Übung. Der Abschlepper empfiehlt das Hotel Rica in Alta und setzt mich und meine Habe dort ab. Andrew folgt auf seinem Bike. Auf dem Weg dorthin sehe ich das einzige Mal auf der gesamten Reise einen Polizisten mit Radarpistole im Gebüsch hocken. Abschlepper und Polizist grüßen sich winkend, man kennt sich in Alta. Der korrekte Mitarbeiter vom ACE in Stuttgart ruft zurück, fragt, ob alles geklappt hat und bittet mich, ihn am Montag zu kontaktieren und auf dem Laufenden zu halten. Einen Mietwagen benötige ich nicht. Auf meine vorsichtige Alternativ-Anfrage teilt mir der ACE mit, dass ein möglicher Transport der Harley zur Fachwerkstatt in

Tromsø nicht übernommen werden könne. Das sei nur im Radius bis 100 Kilometer um den Pannenort möglich. An den Hotelkosten wird sich der ACE jedoch beteiligen, das sehe mein Vertrag so vor. Hurra! Ich warte jetzt erst einmal ab, was der gute Jens sagen wird.

Das Rica Hotel liegt mittig in der City von Alta. In der Stadt leben ungefähr 12.000 Menschen. Das Zentrum hat man in 20 Minuten umkreist, hier haben viele Geschäfte auch am Sonntag geöffnet. Beim Zimmerpreis von umgerechnet 133 Euro pro Nase und pro Nacht verschlägt es uns zwar die Sprache, aber wir haben wohl beide stillschweigend den Schwur getan, die Zelte nicht auszupacken. Ich gehe vorerst in die Sauna, deren Temperatur etwas lasch ist. So dauert der Saunagang etwas länger. Sonst ist niemand da, ich habe die ganze Anlage für mich allein. Andrew macht sich derweil oben am Computer-

Terminal breit und checkt die Gegend. Die Saunadusche hat Irland-Niveau, der Strahl ist eher lächerlich.

Alle Zimmer des Hotels sind Nichtraucherräume. Ein Balkon ist nicht vorhanden. Ich muss vor dem Eingangsportal qualmen. Hier raucht sonst kein Mensch mehr. Kein Wunder, bei einem Zigarettenpreis von umgerechnet 13 Euro pro Schachtel. Irgendwie habe ich mir doch einen kleinen Schnupfen eingefangen, kein Wunder. Ich kaufe mir eine kleine Tube Bepanthen-Salbe. Für die Winzigkeit werden umgerechnet 10 Euro aufgerufen. Wenn ich nochmal von vorn anfange, werde ich Apotheker. Norwegischer Apotheker. Spaziergang am Abend, dreimal um Alta herum. Kurzer Witz: Gehen zwei Biker an einer Kneipe vorbei, haha! Schlafbrille aufsetzen und ab ins Bett.

Am anderen Morgen kann ich nicht länger warten. Nach ritueller Waschung unter der Tröpfelbrause rufe ich Jens an und wir verabreden uns zur Fehlersuche in der Werkstatt. Ich nehme auf dem Sozius von Andrews Road King Platz, wir fahren ins Biker's Corner. Jens hat vorausschauend auch den Elektriker bestellt. Dieser ist schon vor Ort und prüft mit einem Multimeter Batterie, Generator und Regler. Jens kommt einige Minuten später mit einem wahnsinnig lauten Harley-Geschoß um die Ecke gebogen. Nach der Begrüßung wird mein Motorrad auf den Werkstattplatz geschoben. Gibt es in Norwegen keine Geräuschvorschriften, will ich wissen. Jens meint, in Norwegen gibt es strenge Verkehrsvorschriften, aber über den lauten Auspuff seiner Harley hätte sich noch nie jemand beschwert. Vielleicht liegt es auch daran, dass die Landstriche hier dünn besiedelt sind, da fällt man sich gegenseitig nicht auf den Wecker.

Zur weiteren Diagnose muss der Primärantrieb entfernt und die Lichtmaschine ausgebaut werden. Ich erstehe im Biker's Corner eine Neoprenmaske für den Helm und bete, dass ich niemals angesprochen und um Antwort ersucht werde, solange ich das Teil im Gesicht trage. Jens schenkt mir ein T-Shirt mit dem Aufdruck seines Ladens, er ist ein humorvoller und umgänglicher Mensch, der mir das Gefühl gibt, dass mein Motorrad bei ihm in besten Händen ist.

Wir fahren zurück ins Hotel und nehmen ein spätes Frühstück zu uns. Anschließend begebe ich mich in das angrenzende Einkaufszentrum. Es sieht aus wie das Isenburg-Zentrum in Neu-Isenburg bei Frankfurt, hat aber im Gegensatz zu diesem noch ein integriertes Postamt. Hier muss der Kunde per Knopfdruck Nummern ziehen, um am Schalter aufgerufen zu werden, genau wie bei uns auf dem Landratsamt. Das Gerät hört übrigens auf den schönen Namen »Kølappmaskin«. Man findet es in Norwegen überall. Selbst beim Schlachter oder manchmal auch im Bäckerladen wird der Kunde per Nummer aufgerufen. Ich finde das nur gerecht. Die Norweger lieben Gerechtigkeit. So kann sich kein unsolidarischer Mitbürger vordrängeln, während ich gerade geistesabwesend die Schweinsohren betrachte. Oder in der Post die Briefmarken mit dem Konterfei König Haralds. Ich brauche Bargeld und möchte meine schwedischen Kronen loswerden. Allerdings ist der Geldkurs im Postamt etwas schlechter als der Tausch in Deutschland und kostet ca. 10 Euro Gebühren pro Vorgang. Meine Zigaretten gehen auch zur Neige. Ich kaufe an einem Kiosk 50 Gramm Zigarettentabak samt Papier und werde mit umgerechnet 30 Euro zur Kasse gebeten. Kein Wunder, dass hier kein Mensch raucht.

Gegen Mittag ruft Jens an um mir mitzuteilen, dass der Fehler gefunden sei. Der Stator der Lichtmaschine ist durchgebrannt, ein Neuteil bereits geordert, das per Overnight Express geliefert wird. Wenn alles gut geht, können wir schon morgen unsere Reise fortsetzen. Ich freue mich! Der hilfsbereite ACE-

Mann aus Stuttgart erkundigt sich ebenfalls telefonisch nach dem Fortschritt der Reparatur, die Behandlung ist wirklich professionell. Meine Befürchtung, unsere Reise könnte doch diverse Parallelen zu Ulysses aufweisen und in einer Odyssee enden, bewahrheitet sich glücklicherweise wohl nicht.

Ich schlendere zum PC-Terminal in der Hotelhalle und schaue mal, was da alles zum Thema »Stator« ausgespuckt wird. »Eine Lichtmaschine produziert elektrische Leistung, weil sie Kupferdrahtwicklungen auf dem Stator hat (das ist der nicht bewegte Teil der Lichtmaschine), der sich innerhalb eines veränderlichen Magnetfeldes befindet.« Ah, ja! Und weiter: »Der Stator ist ein Metallkern mit einer Anzahl Metallpolen, die Wicklungen aus Kupferdraht besitzen.« Es sei denn, sie schmoren durch. Ich überlese eine Menge Sätze, bleibe aber an der Passage hängen: »Der Permanentmagnetgenerator ist nicht sehr effizient, aber er ist sehr einfach und ziemlich zuverlässig. Das erklärt, warum er das am meiste benutzte System bei Motorrädern ist.«

Am Nachmittag besuchen Andrew und ich das Alta-Museum. Hier gibt es berühmte Zeichnungen aus der Steinzeit, Die ältesten sind ca. 6200 Jahre alt, sehen aber aus wie die Pferdezeichnungen kleiner

Kinder. Andrew spürt seine künstlerische Ader, probt später im Hotel ebenfalls Zeichnungen dieser Art und veröffentlicht diese in seinem Blog. Zum Glück hat er seine Eingebung nicht direkt in Alta in den Fels geritzt, sonst muss die Geschichte der Motorräder neu geschrieben werden.

Das Museum ist modern, die Außenanlagen perfekt angelegt und so besichtigen wir in Ruhe Felszeichnungen und die schöne Natur. Abends besuchen wir ein Café in der Innenstadt. Es gibt sogar eine Bühne mit Tonanlage für Singer und Songwriter. Später ziehen wir uns zurück. Andrew arbeitet an seinem Blog und ich bringe mein Tagebuch auf Vordermann. Der Sommer ist in Alta ausgebrochen. Gemessener Spitzenwert war heute 17 °C Temperatur! Wir bleiben natürlich auch diese Nacht im Rica-Hotel, an die Zelte verschwenden wir momentan keine Gedanken, sie sind dermaßen schwer verpackt, die Leinen kann kein Mensch lösen. Mit solchen Gedanken beschwert schlafe ich ein.

Nach unbefriedigender Tropfsteindusche und anschließendem Frühstück verbringen Andrew und ich unsere gesamte Habe in den Gepäckraum des Hotels, da wir die Zimmer räumen müssen. Viele Gedanken gehen mir durch den Kopf. Ist das Ersatzteil pünktlich eingetroffen? Kommt Jens mit der Reparatur meines Motorrades voran? Können wir heute unsere Reise fortsetzen? Gegen 12 Uhr fahren wir ungeduldig auf Andrews Harley in die Werkstatt. Im Biker's Corner sind die Tore geöffnet. Jens strahlt und berichtet, dass alles in Ordnung sei, die Mühle rattert wieder! Er zieht ein Stück Metall von seiner Werkbank hervor und zeigt mir den abgerauchten Stator meiner Lichtmaschine.

Eine Spule des Magnetkranzes war ölverschmiert und verschmort. Hier konnte kein Strom mehr fließen. Kleines Teil, große Wirkung.

Jens' Rechnung besteht aus einem Notizzettel, die Leistungen sind in Handschrift notiert. Eigentlich will er mir 5.450 NOK (755 Euro) berechnen, doch dann korrigiert er sich nachdenklich und rundet die Summe auf 5.000 NOK, also umgerechnet 692 Euro ab, er wolle uns doch den Urlaub nicht verderben. Ich zahle bar und freue mich natürlich wie ein Schneekönig am Polarkreis, bedanke mich für den Service und den großzügigen Nachlass. Fazit: Die Reparatur wurde zügig und fachmännisch erledigt und wir haben uns 2 Tage im quirligen Alta ausgeruht.

Es ist an der Zeit, dass unsere Reifen wieder Straßenkontakt bekommen. Wir wollen bis zur Provinz Troms, danach werden wir uns Narvik anschauen und anschließend geht es hoffentlich auf die Lofoten. Als Kind dachte ich, die Bewohner der Lofoten seien Indianer. So wie die Lakota. Prärie-Indianer vom Stamme der Lofoten. Hört sich gut an, oder? Die Ureinwohner des Nordens. Das stundenlange Fahren in einsamer Umgebung ruft längst verschollen geglaubte Erinnerungen wieder wach. Eine interessante Erfahrung, die süchtig macht. Ich will weiter fahren.

Rest-In-Peace

Druck auf den Anlasser. Meine Harley startet wieder kraftvoll durch, Andrew und ich atmen auf. Zurück zum Hotel und in Windeseile das Gepäck gesattelt, dann geht es gegen 13:30 Uhr los. Kurzer Sprithalt bei Esso in Alta, Motorrad für 26 Euro betankt. Nun aber den Lenker südwestlich einschlagen mit Ziel Tromsø. Es sind ja nur noch 315 schlappe Kilometer Fahrtstrecke. Endlich wieder unterwegs! Die Nase im Wind, genieße ich die wiedergewonnene Freiheit auf meinem Bike und vergesse für den Moment, dass die Temperatur heute auf 9 °C gesunken ist. Pünktlich zu unserer Abfahrt setzt auch der Regen wieder ein. Wir hatten ihn schon vermisst.

Nach zähen 160 nassen Kilometern stoppen wir zum Aufwärmen an einer Tankstelle und treffen zufällig Peter aus Bratislava wieder, dem wir zum ersten Mal in Sundsvall in Schweden zu Anfang unserer Tour begegnet sind. Er hat mittlerweile ebenfalls das Nordkap hinter sich gelassen, ist im eiskalten Nordmeer geschwommen und filmt unterwegs die Landschaft mit einer speziellen und beweglichen Kleinkamera, die er an seinem Helm befestigen kann. Herzliche Begrüßung! Wir tauschten unsere Erlebnisse aus und Peter erzählt, dass er in den letzten Tagen Hütten (norwegisch: Hytte) für kleines Geld mieten konnte, wir fahren anscheinend immer daran vorbei. Oder ist der Blick geschärfter, wenn man ganz allein reist? Wir sollen unsere Augen offen halten und auf entsprechende Schilder achten. Den Satz kennen wir doch schon?

Zu dritt fahren wir auf der E8 weiter. Peter ist ebenfalls auf dem Weg nach Tromsø und will außerhalb der Stadt übernachten. Wir kurven durch atemberaubende Landschaften und um den Weg abzukürzen, nehmen wir die vorgeschlagene Verbindung durch das Naturschutzgebiet Lyngsalpan, über die Fähre von Olderdalen nach Lyngseidet. Der Transfer für ein Motorrad mit Besatzung kostet keine zehn Euro. Vom Schiff aus haben wir einen ungetrübten Blick auf ein schneebedecktes Gebirgsmassiv. Der Berg Jiehkkevárri, ragt mit 1.834 Metern Höhe in den Himmel. Sein Gipfel ist die höchste Erhebung der Provinz Troms. Wir kommen uns ganz klein vor.

Runter vom Schiff geht es 15 Kilometer durch eine menschenleere, anscheinend nur von Schafen bewohnte Gegend mit schneebedeckten Bergen bis zur nächsten Fähre, die von Svensby nach Breivikeidet führt. Jetzt trennen uns nur noch ungefähr 45 Kilometer von Tromsø. Die Europastraße verläuft nun südlich in Richtung des Festlands immer am Meer entlang und wendet sich nach einiger Zeit abrupt gen Norden. Wir erreichen den Tromsø-Fjord mit Blick auf die imposante Stadt, die ein wenig aussieht wie das »Kufstein des Nordens«. In Tromsø wohnen ca. 69.000 Menschen. Die Stadt führt mehrere Titel der Superlative, so gibt es hier die nördlichste Universität der Welt, die nördlichste Kathedrale der Welt, den nördlichsten Golfplatz der Welt und (ach ja), den nördlichsten Harley-Händler der Welt. Da müssen wir hin!

Andrew gibt mir ein Zeichen, seine Spritvorräte gehen zur Neige. Im Tromsøer Vorort Tromsdalen tanken wir bei Esso, ich zahle 27 Euro. Peter haben wir leider irgendwo unterwegs verloren. Das Wetter bessert sich, der Regen verschwindet, die Sonne grüßt ab und zu durch die dunklen Wolken.

Eine imposante Bogenbrücke kommt in Sichtweite. Sie sieht aus der Ferne derart filigran aus, dass ich befürchte, die vielen schmalen Brückenpfeiler, die wie Streichholzstäbchen im Fjord stehen, müssen bei Sturm brechen. Doch bevor wir die Brücke erreichen, verlangsamen wir unsere Fahrt und schauen auf die bereits erwähnte Eismeerkathedrale linker Hand. Kurzerhand parken wir unsere Harleys vor dem Eingang der Sakristei und besichtigen von außen das ungewöhnliche Bauwerk. Die Kirche wurde 1965 erbaut und soll das Polarlicht, die Polarnacht im Winter und das ewige Eis darstellen. Ein wenig erinnert es mich aber auch an ein leeres Stockfischgestell. Typisches Touristen-Kopfkino! Die Rückwand an der Ostseite der Kirche besteht aus einem 140 m^2 großen, in blau gehaltenem Glasfenster, das 1972 gestaltet wurde. Das Kunstwerk trägt den Namen »Die Wiederkehr Jesu« und ist eines der größten Glasgemälde Europas. Die Besichtigung der nördlichsten Kathedrale der Erde kostet umgerechnet ca. 10 Euro Eintritt. Wir schauen von außen durch die Fenster der Eingangstür und wollen dann doch lieber weiterfahren. Die Banausen nehmen Reißaus.

Erst mal sehen, was Tromsø noch so bietet. Während wir im Schleichgang über die erwähnte Tromsøbrua (deutsch: »Tromsø-Brücke«) cruisen und die Nase in alle Himmelsrichtungen halten, bestaunen wir die Aussicht auf die schöne Stadt. Es ist kein Problem in Norwegen langsam zu fahren und die Gegend zu begaffen. Die Norweger sind geduldig und gönnen den Touristen den Blick auf die Schönheiten ihres Landes. Niemand hupt oder gibt nervige Lichtzeichen, die meisten Einheimischen fahren brav unseren bulligen Verkehrshindernissen hinterher. Ganz im Gegenteil: Oft wurde wir lächelnd per Handzeichen gegrüßt. Mittlerweile sehen wir auch schon ganz schön verwegen aus auf unseren patinierten Harleys.

Der Himmel klart auf. Wie schnell das hier geht! Plötzlich hupt Andrew hinter mir. Ich drehe mich um und sehe die Bescherung. Meine Therm-A-Rest-Isomatte hängt nur noch an einem Spanngurt und schleift am Hinterrad über den rauen Straßenbelag. Ich war mir sicher, dass ich die Position noch vor Fahrtantritt kontrolliert habe. Hatte ich mir doch einen ständigen Reflexgriff nach jeder neuen

Bepackung des Motorrades angewöhnt. Eingeklemmt zwischen Nummernschild und Sissybar, mit mehreren Riemen fixiert, wähnte ich das Utensil sicher. Ich halte und begutachte den Schaden. Sieht nicht gut aus. Werde mir die Matte nach Unterkunftsfindung genauer betrachten.

Harley-Davidson Tromsø - Arctic-Harley, so der volle Name der Firma, residiert im Westen der Stadt und wird von uns ohne Mühe gefunden. Für die etwa 300 Kilometer von Alta bis hierher haben wir mehr als 6 Stunden benötigt. Wer die Westküste Norwegens abfahren will, braucht eine Menge Zeit. Es gibt hier keine geraden Straßen mehr. Alles schlängelt sich um die Fjorde und Küsten. Was per Luftlinie nah erscheint, erfordert in der Realität eine Menge Geduld. Ab sofort werden wir nicht mehr Strecke machen, sondern beschaulich fahren und dort bleiben, wo es uns gefällt. Arctic Harley ist schon geschlossen. Jedenfalls heute, wir sind zu spät. In Norwegen ist der Feierabend heilig. Wie oft haben wir diesen Spruch gehört. So fahren wir weiter zum Flughafen und erkundigen uns nach einer Unterkunft. Zelten? Brr! Und: Nein, die Isomatte ist vielleicht kaputt. Hytte? Kein Schild. Peter ist auch nicht mehr hier, der uns vielleicht einen Hüttentipp hätte geben können. Und der Himmel öffnet wieder seine Schleusen. Auch das noch! Nichts ist so beständig wie der Regen, oder wie war das?

Gesucht, gefunden. Wir bekommen Zimmer im Scandic Hotel am Flughafen. Gar nicht mal so billig. Nach einem klärenden Gespräch mit der Rezeptionistin können wir für umgerechnet 159 Euro pro Mann Einzelzimmer beziehen. In der Innenstadt ist es noch teurer, also bleiben wir am Rand der Stadt. Es ist zwischenzeitlich 20 Uhr. Für den nächsten Tag ist das Scandic ausgebucht, das soll uns nicht weiter stören. Im Keller des Hotels steht ein ausgewachsener Eisbär. Ausgestopft. Imposant. Zum Abladen unseres Gepäcks dürfen wir die Auffahrt zum Hotel hochfahren und können unter dem Dach des Haupteingangs regengeschützt unsere Sachen zwischenlagern, dann müssen die Maschinen auf den Parkplatz, der auf einem Abhang ca. 100 Meter unterhalb des Domizils liegt. Ständig halten Taxis vor dem Portal und bringen neue Gäste. Es ist ein Kommen und Gehen hier. Eine Busladung Briten kommt an, man hört es an ihrem Cockney-Akzent.

Ich wundere mich, dass die Briten aus dem Reisebus immer noch in der Lobby des Scandic herumhängen, als mein Blick auf den Fernseher fällt. Ach ja, die Fußballeuropameisterschaft! Ich trete näher an das Gerät heran, um zu sehen, wer heute spielt. England gegen die Ukraine. Bloß weg hier! Ich verziehe mich auf mein Zimmer, das unweit der Rezeption am Anfang des Flures liegt. Plötzlich höre ich ein lautes »Goal!«. Wayne Rooney hat in der 48. Minute ein Tor geschossen. Später folgt noch ein langes anhaltendes Gegröle, England hat die Ukraine mit 1:0 geschlagen.

Aus der Werbung: *»Die Therm-A-Rest-Isomatte Trail bietet eine hervorragende Kombination an Komfort und Kompaktheit, die sie zu einer der besten Allround-Isomatten für Rucksacktouren macht.«*

Für mich leider nicht mehr, sie ist kaputt. »Rest-In-Peace, Therm-A-Rest!« Sie war dem rauen Straßenbelag Norwegens nicht gewachsen. Die hervorragende Kombination an Komfort und Kompaktheit pfeift aus mehreren zerklüfteten Löchern. Schade, noch vor Wochen hatte ich die Unterlage, zusammen mit dem Hilleberg-Zelt, im Garten daheim in Neu-Isenburg getestet. Ein Gutes hat die Sache aber doch; ich habe eine praktische Ausrede, warum ich nicht zelten kann. Betriebsunfall. Peng! Ich führe die Matte bei nächster Gelegenheit der norwegischen Rohstoffwiederaufbereitung zu.

Leider bleibt das Wetter heute regnerisch und kalt. Wir wollen uns einige Attraktionen in Tromsø ansehen, doch bei diesen Witterungsverhältnissen bleibt selbst der hartgesottenste Motorradfahrer lieber im trockenen Hotel. So nehme ich mir den Reiseführer vor und lese: Der nördlichste botanische Garten der Welt zeigt blauen Mohn aus dem Himalaya, Bitterwurz aus den Rocky Mountains, Primeln aus der Region und eine Auswahl an traditionellen Heilpflanzen. Heilen diese Kräuter auch den Schnupfen, den ich mir im Regen zugezogen habe? Das Polaria hat ein arktisches Aquarium, in dem die Bartrobben im Wasser die Hauptattraktion sind. Wir haben vom Wasser momentan die Nase voll. Die Fjellheisen Seilbahn fährt den 420 Meter hohen Storstein-Berg hinauf. Ich bin sicher, die Bahn fährt bei diesem Wetter besser ohne uns. Das Universitätsmuseum Tromsø zeigt die Tiefe der nordnorwegischen Natur und Kultur. Ich zeige aus dem Fenster und sehe nur dunkle Regenwolken in der Tiefe der nordnorwegischen Natur.

Um die Tiefe der nordnorwegischen Kultur besser zu erfahren, setze ich meine Schlafbrille auf und entsage dem gegenwärtigen Bewusstseinszustand. Gute Nacht!

Alles Arktis

Am frühen Morgen raus, die Motorräder geholt und unter dem Dach des Portals das Gepäck auf die Maschinen verladen. Erneut machen wir uns auf zu Arctic-Harley. Natürlich regnet es wieder wie aus Eimern. Es sind zwar nur einige Kilometer bis zum Laden, aber wir werden vom nordischen Regen auch diesmal nicht geschont. Andrew hat schon seit Tagen ein Problem mit seinem Bremslicht, der gutgelaunte Mechaniker kümmert sich darum, das Birnchen ist durchgebrannt. Für den Wechsel will er kein Geld nehmen und die Birne schenkt er uns. Wäre doch nicht nötig gewesen. Andrew freut sich.

Wir kaufen Devotionalien und die obligatorischen Harley-T-Shirts vom nördlichsten Harley-Händler Europas. Irgendwie fühlen die sich schon bei der Anprobe warm an. Wir bekommen runde Plaketten mit dem Firmenlogo geschenkt, so groß wie ein Eineurostück (auf der Rückseite mit einer Klebefläche versehen), wissen jedoch nicht, wofür diese runden

Dinger verwendet werden. Vielleicht werden die Plaketten als Erinnerung auf die Vorderradgabel geklebt, so wie die Opis frühere ihre Krückstöcke mit Beschlägen ihrer Wanderungen versehen haben. Egal, einem beschenkten Paul klaut man nicht den Gaul.

Arktische Temperaturen draußen vor dem Laden der Tromsø Motor AS / Arctic Harley. Alles Arktis hier. Das Thermometer ist gefallen und der Regen nimmt kein Ende. Unser nächstes Ziel heißt Narvik und ist 250 Kilometer entfernt. Kurz hinter Tromsø hört der Regenguss kurz auf, um dann immer heftiger wieder einzusetzen. Schade! So können wir die Fahrt nicht genießen. Mit vielen kleinen und großen Pausen geht es mühsam vorwärts. Kaffee an der Tanke, Treibstoff laden. Vor lauter Regen habe ich den Betrag vergessen. Der Himmel grau, die See grau, unsere Hände blau. Heute ist die Fahrt eine Tortur. Bald kommen wir an die Abzweigung Bjerkvik, rechts führt die E10 westlich auf die rund 150 Kilometer lange Inselkette der Lofoten, wir jedoch fahren noch 33 Kilometer weiter auf der E6 nach Narvik. Kurz vor Narvik sehen wir Eisschollen im Wasser treiben. Arctic Camping? Nein, danke! Hytte? Keine Schilder in Sichtweite. Das größte und auffälligste Gebäude in der Innenstadt von Narvik ist schon wieder ein Rica-Hotel. Mal reingehen und nach dem Preis fragen. Was wollen die haben? Fast 200 Euro für ein Zimmer. Wir schütteln den Kopf und wenden uns zum Ausgang. Andrew weist auf die riesige Leuchtreklame eines Hotels auf der anderen Straßenseite und macht sich auf den Weg, um die Lage zu sondieren. Ich bleibe bei den Motorrädern und rauche mit klammen Fingern eine Zigarette. Ellenlange Güterzüge mit Eisenerz rattern vorbei. Aha, das ist das schwedische Eisenerz aus Kiruna, das hier verladen und verschifft wird. Andrew kommt mit guten Nachrichten zurück. Umgerechnet 113 Euro soll ein Zimmer kosten. Ein Schnäppchen für Norwegen. Wir akzeptieren. Das Nordstjernen Hotel sieht aus wie eine Filmkulisse in den fünfziger Jahren. Bestimmt war früher auch die Schauspielerin Liv Ullmann hier.

Viel Plüsch und Leder, alter Charme und Holz, liebevoll eingerichtet. Die Hausdame empfängt uns sehr freundlich, sie bittet uns in den Gemeinschaftsraum und bietet uns selbstgebackene Waffeln an. Lecker! Die Zimmer sind sauber. Die Heizung bullert ordentlich, es wird mollig warm und die Dusche kann heißes Wasser mit kräftigem Strahl liefern. Das teste ich immer sofort! Die Motorräder können wir direkt auf dem Gehweg parken. Solange niemand behindert wird, gibt es auch keine Beschwerden. Das findet unseren Beifall. Bisher war es immer so, dass wir dort, wo es uns gefiel, einfach anhalten konnten. Parkgebühren werden woanders bezahlt. Narvik liegt am Ofotfjord, hat ca. 18.500 Einwohner und eine bewegte Geschichte. Dank des Golfstroms ist der

Hafen das ganze Jahr über eisfrei. Der Golfstrom ist auch die Ursache für das relativ milde Klima. Mild? Für uns jedenfalls nicht, das Thermometer zeigt 7 °C und es regnet abermals ununterbrochen.

Eine Schönheit ist Narvik nicht gerade, aber interessant. Als Deutsche sollten wir uns allerdings mit Kommentaren zurückhalten, denn während des Zweiten Weltkrieges wurde Narvik durch die Wehrmacht überfallen, Hafen und Stadt blieben bis fast zum Kriegsende von deutschen Truppen besetzt. Zurückgelassen wurde verbrannte Erde. Natürlich ging es um das Eisenerz und um die Vorbereitung einer Landungsoperation mit Ziel England. Im Kriegsmuseum gibt es interessante Ausstellungen dazu. Wir nutzen die Zeit für einen Bummel, besuchen ein Restaurant und wundern uns, das die Stadt ab 21 Uhr wie ausgestorben ist. Ich arbeite an meinem Tagebuch, Andrew flickt seine Regenhose.

Luchsfuß

Dusche, Frühstück, Packen. Ach ja, es gibt Rømmegrøt zum Frühstück. Das ist hierzulande eine Spezialität. Ein Sauerrahmbrei mit Butter, Zimt und Zucker. Fettreich und nahrhaft. Auf zur Benzinzapfstelle. Ich tanke um 10:30 Uhr für 29 Euro und los geht es, in Richtung Lofoten. Der Name der Inselgruppe bedeutet »Luchsfuß«. Anfangs, noch in Narvik, war der Himmel bewölkt, ohne Regen, mit 7 °C immer noch recht kalt. Schon nach 10 Minuten Fahrt beginnt es wieder zu regnen. Wir müssen 33 Kilometer zurück zur Abzweigung Bjerkvik. Ab Herbst wird hier übrigens gebaut. Bis 2016 soll nördlich von Narvik die Hålogalandsbrua entstehen. Die Hängebrücke wird eine Spannweite von 1145 m haben und insgesamt 1.533 km lang sein. Die Reisezeit wird so um 15-20 Minuten verringert. Die Baukosten werden rund 313 Mio. Euro betragen. Da die neue Brücke jedoch noch nicht steht, müssen wir die Küstenlinie abfahren, links abbiegen und der E10 folgen. Die Lofoten gelten als die schönste Gegend Norwegens. Das Gebirgspanorama, das sich vor uns öffnet, stellt die bisher schon herrlichen Landschaftseindrücke nochmals in den Schatten. Die Pässe werden immer höher, die Straßen winden sich hinauf und wieder hinunter. Leider wird es jetzt bitterkalt. Heftige und eiskalte Regengüsse pladdern auf uns hinab. Wir erreichen die 50 Kilometer lange Meerenge Tjeldsund. Die Tjeldsundbrücke (norwegisch: »Tjeldsundbrua«) verbindet die Lofoteninsel Hinnøya mit dem Festland. Die E10, die hier auch »Kong Olav Vs vei« genannt wird, führt über die 1007 Meter lange Hängebrücke. Grund zur Freude wäre jetzt angebracht, wir haben soeben die Lofoten erreicht. Als schroffe Felsengruppe ragt der Eilandkeil von Narvik aus nach Westen in den Nordatlantik. Erst seit 2007 sind die Lofoten auf Straßen durchgehend mit dem Festland verbunden. Leider regnet es so stark, dass wir keine Fotos machen wollen. Beliebtes Ziel vieler Urlauber ist der Besuch des Trollfjords, nicht weit von hier. Der zwei Kilometer lange Meeresarm verengt sich an seiner schmalsten Stelle auf 100 Meter. Die Raftsundetbrücke (norwegisch: »Raftsundbrua«) ist mit 298 m Stützweite die zweitweitest gespannte Beton-Balkenbrücke der Welt. Sie überbrückt den gleichnamigen Raftsund, die Wasserstraße zwischen Lofoten und Vesterålen, den westlichen Inseln. Leider können wir den grandiosen Ausblick zu beiden Seiten von dem 711 m langen Bauwerk nicht richtig genießen, Nebel und Regen beeinträchtigen die Sicht.

Auf der Weiterfahrt gelangen wir durch ein halbes Dutzend Tunnel. Beeindruckend ist der Sløverfjordtunnel mit 3,3 Kilometern Länge. Tunnelbauer ist sicherlich ein anerkannter Beruf in Norwegen. Die nehmen bestimmt nur Wikinger, denke ich, denn natürlich ist es in der Röhre kälter als draußen im Regen! Und innen pechschwarz, trotz Beleuchtung. Die Gedanken vergehen, der Tunnelausgang naht. Das Regengrau hat uns wieder. Normalerweise ist hier die E10 ein Traumstecke. Sie folgt der Küstenlinie und liefert sagenhafte Ausblicke. Nur nicht heute.

Es ist neblig und kalt. Warum tue ich mir das an? Solche Gedanken habe ich auf dieser Tour öfter. Aber so schnell wie sie gekommen sind, so schnell verschwinden sie auch wieder. Ist auch gut so. Der Ausblick auf den majestätischen Higravstindan, mit 1.146 Metern der höchste Berg der Lofoten, kann unsere Stimmung nur kurzfristig heben. No Rain, no Pain!

Drei Pausen sind nötig, um die Fahrt nach Svolvær, der Hauptstadt der Lofoten, zu bewältigen. Landschaftlich werden wir reichlich belohnt, trotz Wetterkapriolen. Wie ist das mit der Beständigkeit nochmal? Der Regen hört so plötzlich auf, wie er gekommen ist. Die Sonne lugt durch die Wolken und es wird spürbar wärmer. Nach der obligatorischen Tankfüllung (ich zahle 23,22 Euro) ziehen wir schnell zwei Kaffee an der Shell-Tanke. Auf Nachfrage nach einer Bleibe wird uns das Areal um den Marinehafen empfohlen. Und schon wieder kommt ein Rica-Hotel in Sicht, diesmal auf Stelzen in die Bucht gebaut, hier müssen wir um Obdach bitten, so schmuck sieht das aus! Es wird uns für schlappe 145 Euro gewährt. Ist doch nur Geld! Zimmer direkt im Hafen mit Balkon und Meerblick. Wohnen wie Odin auf den Lofoten. Ein riesiges Postschiff der Hurtigruten legt direkt neben dem Hotel an. Es ist die »Nordkapp«. Na, das passt ja. Erbaut wurde der Pott 1996, die beachtliche Länge beträgt 123 Meter, die Geschwindigkeit beträgt 15 Knoten (ca. 28 km/h) und der Bauch bietet Platz für 622 Passagiere. Ob die alle ihre Walkingstöcke samt Gummipuffer mitgenommen haben?

Aufräumen ist angesagt. Meine Bekleidung, die ich am Leib trage, ist stark verschmutzt und nass. Ich sortiere erneut sämtliche Gepäckstücke. Der schlaue Motorradfahrer wickelt seine Habe in Plastiktüten und sortiert oder stopft diese dann in den Packsack. Möglichst die Position dieser und jeder Dinge merken, sonst wird es nervig. Ich suche zum Beispiel ständig ein Ersatzhalstuch oder die Wechselhandschuhe. Im Regen macht das erst recht keinen Spaß. Fertig! Heizung im Hotelzimmer hochdrehen, Kleidung wechseln und dann ab in die Stadt.

Svolvær ist ein malerisches Städtchen und hat ca. 4.000 Einwohner, die Bevölkerung lebt in der Hauptsache vom Fischfang, meist Kabeljau, der auch Dorsch genannt und zum Teil zu Stockfisch verarbeitet wird. Der Fisch wird direkt nach dem Fang verwertet. Nach dem Ausnehmen wird er entweder im Ganzen getrocknet oder entlang des Rückgrates aufgeschlitzt, um dann zu trocknen. In Svolvær sehen wir hunderte der Holzgestelle, auf denen von Februar bis Mai der Kabeljau draußen aufgehängt wird, manche Sorten werden auch in speziellen Trockenhäusern gelagert. Das Ergebnis wollen wir näher erkunden, daher schlendern wir zum Markt und werden fündig. Zum ersten Mal sehen wir Walfleisch, es hat eine kräftige schwarze Färbung. Nebenan entdecken wir frischen Kabeljau, ferner handelsüblichen Stockfisch. Wir kaufen bündelweise die knochentrockene Fischspezialität (norw: Tørrfisk). Sie ist lange haltbar, kalorienarm und wiegt nicht viel. Genau das Richtige für unterwegs. Allerdings trägt der Stockfischliebhaber bei exzessivem Genuss üblen Mundgeruch davon. Aber wer bitte soll mit mir reden, während ich stundenlang allein auf dem Motorrad sitze?

Durch die Gründung des Nordnorsk Kunstnersenstrum erlangte die Stadt Svolvær überregionale Bekanntheit und entwickelte sich zum Mekka für engagierte Künstler. Am Hafen wurde dem 2010 verstorbenen norwegischen Folkmusiker Jack Berntsen ein Denkmal gewidmet. Dort steht er, mit Gitarre in der Hand für alle Zeiten und singt seine Protestlieder. Leider ist es uns nicht möglich, länger in Svolvær zu verweilen, die Zimmerpreise variieren je nach Auslastung, das treibt den Preis in die Höhe und 200 Euro sind uns dann doch zu teuer. Egal, es gibt noch viel zu entdecken unterwegs.

Dorschzunge

Der Wetterbericht sieht eigentlich ganz gut aus, als wir am Morgen Svolvær den Rücken kehren, von Regen war allerdings keine Rede. Macht aber nichts, nach wenigen Kilometern kommt die Sonne raus und der ewige Regen verschwindet. Es wird richtig warm! Ziel ist Ramberg, ca. 100 Kilometer westlich von Svolvær. Das ist für unsere Verhältnisse eine kurze Schönwetterfahrt, wenn wir die statorbedingte Zwangspause ein paar Tage vorher in Alta nicht berücksichtigen.

Auf der Lofoteninsel Vestvågøy sehen wir den Himmeltindan, mit 961 Metern der höchste Berg der Kommune. Kein Wunder, sind doch die 15 höchsten Berge der Lofoten alle zwischen 931 und 1.146 Metern hoch. Eine atemberaubend schroffe Landschaft, wir folgen immer brav der E10, das Nordmeer ist ständig in Steinwurfweite von uns entfernt.

Die moderne Verwaltungsstadt Leknes lassen wir aus, wie uns ein Motorradkollege unterwegs erklärt, müssen da heute Horden von Traumschifftouristen von Bord gegangen sein. Schnell weg! Direkt neben der Straße sehen wir im Vorbeifahren Kletterer an den senkrecht abfallenden Granitwänden hochsteigen. Auf den Wiesen und am Straßenrand blüht der Löwenzahn. Saftiges Gras, krumme Birken, wir zählen Schafe, deren Glockenklang jedoch vom Gedröhne unserer Boliden übertönt wird. Schneebedeckte Höhenzüge direkt am Meer, unsere Straße schlängelt sich wie ein Band drum herum. Ich erspähe einen Seeadler, der eine Runde über unsere Köpfe dreht und lautlos verschwindet. Die Harleys laufen gut. Wenig Verkehr, wenn überhaupt, dann sind meist Touristen in Wohnmobilen unterwegs. Wir stoppen an jeder Sehenswürdigkeit und fotografieren mehr Motive als an den Tagen zuvor. Während einer Zigarettenpause an einer schlammigen Straßenkreuzung rutscht mir das Motorrad unter meinen Füßen weg und legt sich auf die rechte Seite. Mist! Ist aber zum Glück nichts passiert. Wir fahren über atemberaubende Brücken und gelangen in den ca. 1,5 km langen Nappstraumtunnel, der uns hinüber zur Insel Flakstad bringt. Im Schlund geht es erst einmal tief hinunter, dann wieder auf Meereshöhe hinauf. Natürlich ist es kalt in der Betonröhre. Umso schöner ist das Bild am anderen Ende. Glasklare Buchten, Sandstrand und Berge. Und die unzähligen Stockfischgestelle. Durch die spezielle Lage der Lofoten in südwestlicher Richtung zieht der Moskenstraumen, ein starker Gezeitenstrom, die Fischschwärme fast automatisch an. Durch die Keilform der Lofoteninseln bindet er einen Teil des warmen Golfstromes. Ihm werden so ununterbrochen neue Nährstoffe zugeführt. Hier liegt das Hauptlaichgebiet der Dorsche. Bis Ostern wird der Stockfisch am Gerüst aufgehängt. Jeden Tag sind die Fischer früher in der kalten Jahreszeit zum Gezeitenstrom hinausgerudert. Zu Pfingsten ist der Stockfisch fertig. Man riecht ihn hier überall. Schon die isländische Egils Saga berichtet vom Handel mit dem Kabeljau vor über eintausend Jahren. Von der Gefährlichkeit des Mahlstroms ist hier aber nichts zu spüren. Es ist ruhig und warm.

Auf einer wirklich traumhaften und kurvigen Küstenstraße gelangen wir nach Ramberg, ein kleines, verschlafenes Lofotendorf direkt an der E10. Auf diesen Ort aufmerksam geworden bin ich durch den Artikel eines Reisemagazins. Dort sollen ganz spezielle Delikatessen zubereitet werden: Frittierte Kabeljauzungen. Die wollen wir unbedingt hier probieren. Das Gjesthaus Ramberg ist schnell gefunden. Oh, Mann! Hier gibt es nicht nur die gepriesenen Spezialitäten, hier gibt es auch Hütten zu mieten. »Andrew! Hytta!«

Wir checken am Empfang, der wie ein Kiosk mit Tante-Emma-Laden aussieht, ein und mieten eine Hütte direkt am Rambergfjord für umgerechnet 120 Euro, also 60 Euro pro Nase. Das ist günstig. Die Hütten sind meist voll ausgestattet mit Küche, Bad, Dusche, TV und Internet, manchmal muss eigenes Bettzeug (oder ein Schlafsack) verwendet werden, manchmal nicht. 3 Zimmer, wow! Diese Hütte ist perfekt eingerichtet. Wir parken die Bikes entlang der Hütte, rödeln ab und laufen an das Wasser.

Ein Strand mit azurblauem Wasser und feinem weißen Sand, wie in der Karibik! Das Wetter hält, es wird sogar richtig warm, die Sonne brennt förmlich und wir entscheiden uns, schwimmen zu gehen. In Badehose laufe ich noch schnell zum Briefkasten, um meine Post aufzugeben. Ein deutscher Reisebus fährt gerade langsam vorbei. Die Reisenden schauen interessiert zu mir herüber und zeigen aufgeregt auf mich. Ich kann mir vorstellen, was sie denken: »Jetzt gehen die verrückten Norweger schwimmen!«

Immerhin befinden wir uns noch nördlich des Polarkreises. Das Wasser hat gefühlte 5 °C. Lange halte ich es darin nicht aus. Nach einer kurzen Pause klappt es besser und ich schwimme einige Züge. Wir sind die einzigen Badegäste und haben einen kilometerlangen Traumstrand für uns ganz allein zum Nulltarif.

Nach dem Schwimmen wird es Zeit für den Restaurantbesuch. Es ist mittlerweile so warm, dass wir uns draussen auf der Terasse des Gasthauses einen Tisch suchen. Und da finden wir auch schon auf der Tafel in schöner Handschrift vermerkt das Tagesgericht: »Sprøstekte torsketunger med råkost, rømme og smelta smør«. Ist gar nicht so schwer zu übersetzen: Frittierte Dorschzunge mit Rohkost, saurer Sahne und geschmolzener Butter. Kartoffeln werden dazu gereicht. Absolut lecker. Die zehn kleinen Kabeljauzungen sehen aus wie kleine Fish & Chips. Der Geschmack erinnert ein wenig an Pfannkuchen. Als Starter wählen wir eine wohlschmeckende Fischsuppe. Wir trinken norwegisches Quellwasser dazu. Zwei Kaffee runden das Mahl ab. Die Rechnung ist für norwegische Verhältnisse moderat: Wir bezahlen umgerechnet 78 Euro für unser Menü, also 39 Euro pro Person. Da kann man nicht meckern. Trinkgelder sind in norwegischen Restaurants (und nur dort) üblich, 10% sind angemessen und bei diesem freundlichen Service auch vollkommen angebracht.

Ach ja. Deutschland schlägt Griechenland an diesem Tag im Fußball 4:2. Ob das hier jemanden interessiert? Unsere holländischen Hüttennachbarn bestimmt nicht. Sie sehen uns ein wenig mitleidsvoll an, als wir in nassen Badesachen vom Strand zurückkommen. Sie halten es eher mit den Norwegern. Dieses Wochenende ist Sommersonnenwende, also die längste Zeit des Jahres. Da sitzen sie alle dick eingepackt in Jacken und Decken um die Mitternachtszeit mit großen schwarzen Sonnenbrillen vor der Hütte und schauen in die Sonne. Ehrlich! Wir tun das auch und es ist gigantisch. Wegen der Sommerzeit erreicht die Mitternachtssonne gegen 1 Uhr nachts ihren tiefsten Stand. Da steht sie immer noch eine Handbreit über dem Horizont. Ein klassisches Postkartenmotiv. Taghell, so wie bei uns nachmittags um 16 Uhr. Es frischt jetzt wieder auf. Total ruhig, wir hören nur die Wellen rauschen, ab und zu den Wind. Sonst nichts. Und die Sonne zaubert Farben auf die schneebedeckten Berge, das Meer und auf unsere Motorräder.

Der Wecker klingelt. Strahlend blauer Himmel, das Holz der Hütte wird von der Sonne schon erwärmt. Ein Bilderbuchwetter! Wir frühstücken auf der Terrasse unserer Hütte und machen uns zur Abfahrt bereit. Unser erstes Ziel ist nur 33 Kilometer entfernt. Moskenes, von dort geht die Fähre nach Bodø zurück auf das Festland. Wir wollen herausfinden, ob und wann die Fähre ablegt. Und natürlich möchten wir uns früh einen Platz auf dem Schiff sichern. Es ist noch nicht viel los in Moskenes. Zwei deutsche

BMW-Biker aus dem Koblenzer Raum erzählen uns, dass sie mit erhöhter Geschwindigkeit in eine mobile Radarfalle geraten sind. 125 km/h statt der vorgeschriebenen 80 km/h. Das wird ein teurer Spaß, der in Norwegen mit umgerechnet 1.200 Euro die Urlaubskasse schmälert. Die Fahrerlaubnis wird eingezogen und an die Heimatadresse geschickt, der Verkehrssünder hat binnen 14 Tagen das Land zu verlassen. Oha! Zum Glück haben sie schon vorher das Nordkap passiert, sonst würde es zeitlich eng. Wir führen Benzingespräche mit unseren Landsleuten, trinken Kaffee und erkundigen uns nach den Fahrzeiten der Fähre. Der Schalter ist jedoch samstags geschlossen und ein kundiger Mensch erklärt uns, dass die Tickets direkt auf der Fähre ausgestellt werden. Na, dann haben wir ja noch eine Menge Zeit, starten unsere Maschinen und fahren die wenigen Kilometer nach Å, der Ortschaft mit dem kürzesten Namen der Welt. Å ist übrigens auch der letzte Buchstabe des norwegischen Alphabets, die Aussprache ist: å = oh, wie in Ohr – »åpne« (ohpne) – öffnen. Der Ortsname bedeutet wohl so viel wie Bach. Åhå.

Die Stadt mit ihren rund 100 Einwohnern lebt heute hauptsächlich vom Tourismus und ist ein Museumsdorf. Wir besuchen das norwegische Fischereimuseum und das einzige Stockfisch-Museum der Welt, in dem die tausendjährige Geschichte der getrockneten Spezialität erläutert wird. Stockfisch ist das Gold der Lofoten. Meterhoch ragen die markanten, dachförmigen Wahrzeichen in den Himmel. Auf der Fahrt durch die gesamte Gegend begegnen wir Gerüsten voller Stockfisch, die größte Ansammlung befindet sich in Å. Wir lernen immer wieder etwas Neues: Stockfisch ist durch Trocknung haltbar gemachter

Fisch, meist aus Kabeljau. Vorher werden die Köpfe und Eingeweide entfernt und die Fische paarweise an den Schwanzflossen zusammengebunden und auf Holzgestellen (Stockgestellen) zum Trocknen aufgehängt.

In Norwegen kann Stockfisch auch roh und ungewässert gegessen werden. Hierzu wird der getrocknete Fisch in kleine, nicht zu dicke Stücke zerteilt und ohne weitere Zutaten verzehrt. Je weniger der Fisch Frost ausgesetzt ist, desto besser reift er. Darum stehen die Trockengerüste stets dicht am Meer, wo das Wasser ganzjährig Wärme abgibt und der Salzgehalt der Luft den Reifungsprozess unterstützt. Ca. 70 Prozent seiner ursprünglichen Feuchtigkeit werden dadurch dem Fisch entzogen, alle Nährstoffe bleiben erhalten. Die Luft ist erfüllt von Fischgeruch. Ein Fest für die Möwen, wären die Holzgestelle nicht mit Netzen umspannt und gesichert. Das Klima hier schützt den Fisch vor Insekten und verhindert Bakterienwachstum. Ideal ist eine Temperatur knapp über dem Gefrierpunkt mit ein wenig Regen.

Ich bekomme das Rezept eines alten Fischers von den Lofoten zur Zubereitung von Stockfisch: Den Stockfisch 4-5 Tage in Wasser legen, das Wasser täglich wechseln. Fisch enthäuten, die Gräten entfernen und in Stückchen schneiden. Brötchen in 5 mm starke Scheiben schneiden und in Butter goldgelb anbraten. Speck und Zwiebeln würfeln und ebenfalls anbraten. Eine feuerfeste Form mit Butter einreiben und mit Stockfisch, Brötchen, Zwiebeln, Kräutern und Speck füllen. Die letzte Schicht mit Brötchen bedecken. Milch, Sahne und Eier verquirlen, mit Pfeffer und Salz würzen und den Auflauf gießen. Bei 200 Grad ca. 30-40 Minuten backen. Vær så god! Zum Schluss fotografieren wir das weltbekannte Ortschild von Å.

Genug gesehen, ab zur Fähre. Zurück in Moskenes. Mittlerweile stehen sehr viele Wohnmobile, einige Reisebusse und wenige PKW auf dem Platz und warten auf die Überfahrt. Die Handvoll Biker fällt kaum auf. Wir drängeln uns vor und fahren im Schritttempo zu den anderen Kradfahrern vor. Niemand protestiert. Warum auch? Auf der niedrigen Harley sitzend, den breiten Lenker umfassend und den Oberkörper leicht nach vorn gebeugt, sehe ich trotz meiner 190 cm Körpergröße wie ein Zwerg aus, wenn neben mir der Fahrer einer Reiseenduro zum Stehen kommt. Kein Wunder, wir haben ca. 15 - 20 cm Sitzunterschied. Ich sitze, eingebettet zwischen Motor und Hinterteil, 2 Fuß über der Straße, ein irres Gefühl beim Fahren. Daher taucht auch jetzt vom Fahrer neben mir die Frage auf, ob denn ein Fahrzeug wie meines bequemen Fahrkomfort bietet. Ich antworte dann meist, dass ich es nicht anders kenne und mir nie Gedanken darüber gemacht habe, da ich gar kein anderes Motorrad fahren möchte. Schweigen. Die Fähre läuft ein, Fahrzeuge kommen heraus, wir balancieren unsere Kräder herein. Auch im Bauch des Schiffes hängen Stockfische, aufgereiht wie Perlen an einer Schnur. Heute gibt es genug Platz für alle Fahrzeuge. Das ist wohl nicht immer so. Der Schaffner, ein junger Mann, kassiert mit einem Bauchladen die Fährpassage. Die Überfahrt kostet für motorisierte Zweiräder umgerechnet 38 Euro und dauert 3,5 Stunden. Die Route beträgt ca. 105 Kilometer auf See. Das ist preiswert, eine Kreuzfahrt auf dem Bodensee in gleicher Dauer ist nicht billiger. Auch hier werden die Bikes vom Personal fachmännisch verzurrt. Pünktlich um 15 Uhr legt die Fähre ab. Wir gehen auf Deck und lassen uns die Meeresbrise um die Nase wehen. Ruhige See. Ganz leichtes Schwanken. Ein letzter Blick auf die Inseln der Lofoten. Richtig schönes Wetter gibt es gratis dazu. Die Objektive der Kameras surren, die Auslöser klicken.

Es gibt ein Kiosk an Bord, die Reisenden können auf Deck oder unter Deck sitzen. Für die Jüngsten ist die Fähre ein El Dorado. Sie sitzen brav in der Kinderspielecke, dort hängt ein TV-Gerät an der Wand, es zeigt nonstop norwegische Zeichentrickfilme. Raucher werden draußen an einigen Plätzen geduldet. Aschenbecher sind vorhanden. Nach kurzer Erkundung des Schiffskörpers lege ich mich in einen der unbequemen Sessel und schlafe ein wenig. Irgendwann wird auch die schönste Seereise langweilig. Draußen rauchen, drinnen rumstehen, draußen gucken, hinsetzen, Leute anstarren und so weiter. Punkt 18:30 Uhr laufen wir in Bodø ein. Alles macht sich fertig, die Reisenden fahren sämtlich in die gleiche Richtung. Der Straßenverkehr ist deutlich stärker hier auf dem Festland. Jedoch ist das kein Vergleich zum Chaos auf unseren Straßen. Notiz am Rande: Östlich von Bodø verläuft der Saltstraumen, der stärkste Gezeitenstrom der Welt. Alle sechs Stunden stürzen über 400 Millionen Kubikmeter Wasser mit einer Geschwindigkeit von bis zu 20 Knoten, das sind 40 Kilometer pro Stunde durch die knapp 150 Meter breite und fast drei Kilometer lange Meerenge, die den Saltenfjord und den Skjerstadfjord miteinander verbindet. Die machtvollen Strudel können einen Durchmesser von zehn Metern und eine Tiefe von fünf Metern erlangen. Nur bei Stillwasser, beim Höchst- und Tiefststand, tritt für einen kurzen Zeitraum Ruhe ein. Schon die Wikinger fürchteten den Mahlstrom und viele Legenden aus alter Zeit ranken sich darum. Das Gebiet um den Saltstraumen ist ein beliebtes Revier zum Meeresangeln. Der Gezeitenstrom ist bekannt für seinen Fischreichtum, so zum Beispiel an Dorsch, Köhler, Steinbeißer und Heilbutt. Mit einem bedeutungsvollen Fang von knapp 33 Kilogramm wurde hier der Weltrekord im Köhlerfang mit der Angelrute gewertet. Ich habe leider nur eine Gitarre und keine Angel dabei.

In Schillers Ballade »Der Taucher« gibt es am Ende eine Episode am Abgrund eines Mahlstroms, den der Dichter dramatisch umschreibt:

Wohl manches Fahrzeug, vom Strudel gefasst,
schoss jäh in die Tiefe hinab.
Doch zerschmettert nur rangen sich Kiel und Mast,
hervor aus dem alles verschlingenden Grab.

In meiner unvollständigen Ballade »Circus Riowani« wird die Episode ebenfalls dramatisch enden:

Wer mit dem Motorrad das Land bereist,
und sieht nicht die Hyttas am See.
Dem verrecke der Stator am Polarkreis
dem hilft nicht mal mehr Rumpaträ.

Sommersonne

Wir fahren die RV80 bis Fauske. Mein »Motorsykkel« (norwegisch für Motorrad) ist erstaunlich sparsam und begnügt sich bei Statoil mit Sprit für umgerechnet 19 Euro. Ein kleines Stückchen weiter biegen wir dann ab auf die E6 Richtung Trondheim. Das Wetter bleibt weiterhin traumhaft sonnig und warm, jetzt kann Strecke gemacht werden. Strecke machen an Norwegens Westküste bedeutet grob: Wir schaffen etwa 50 bis 60 Kilometer in der Stunde. Wenn die Straße durch viele Ortschaften führt, bergig ist und der Weg sich um die Gebiete schlängelt, dann dauert es noch länger. Ortschaften dürfen grundsätzlich nur mit 50 km/h passiert werden, Zebrastreifen müssen im Schritttempo überquert werden. Natürlich kommt schneller voran, wer sich nicht an die Geschwindigkeitsbegrenzung hält. Andrew und ich haben unsere Regel gefunden: In einsamen Gegenden drehen wir auch öfter am Gashahn, doch in bewohnten Gebieten passen wir auf. Wir haben Zeit. Wir möchten etwas erleben. Wir wollen schöne Eindrücke in unseren Köpfen bewahren und zuhause etwas zu erzählen haben. Aber die Zeit arbeitet hier gegen uns. Würden wir die zerklüftete Küste Norwegens entlangreisen und dabei keinen Fjord und keine Bucht auslassen, hätten wir am Ende mehr als 25.000 Kilometer hinter uns. Das würde Monate dauern.

Die Gegend sieht jetzt aus wie eine Mondlandschaft. Ein wenig fühle ich mich an den irischen Burren erinnert. Millionen von großen und kleinen Steinen liegen wie achtlos hingeworfen herum. Wenn die

Mondlandung von Apollo 11 nicht stattgefunden hätte, würde diese weite Ebene sicherlich eine würdige Scheinkulisse abgeben. 47 Kilometer vor Mo i Rana passieren wir in südlicher Richtung den Polarkreis. Polarkreis? Wir erinnern uns: Am Polarkreis geht die Sonne am Tag der Sommersonnenwende nicht unter. Hier befindet sich das Polarkreiszentrum.

Geschäftstüchtig sind sie, die Norweger. Der nächste Ort, Storforshei, ist 22 Kilometer entfernt. Wir sind im absoluten Nirgendwo. Das schauen wir uns näher an. Im Gebiet rund um das Zentrum befinden sich russische und jugoslawische Denkmäler aus dem Zweiten Weltkrieg. Die Architektur des Zentrums ist an die es umgebende Natur angepasst. Eine Linie aus Marmor zeigt, wo der Polarkreis verläuft. Zum Glück gibt es Kaffeestube und WC. Unmengen von Steinmännchen sind hier aufgebaut. Einer norwegischen Saga zufolge soll der Wanderer auf jeden Steinmann einen Stein legen, um von Trollen unbehelligt zu bleiben. Genau das habe ich getan, obwohl es jetzt und hier schwer ist, auf diesem Gelände noch einen einzelnen Stein zu finden.

Mo i Rana liegt am Ende des Ranfjords in der gleichnamigen Kommune Rana, hat rund 18.000 Einwohner und ist geprägt von der Schwerindustrie und dem Hafen. Eine typische Industriestadt, die gleichzeitig auch die Partnerstadt von Skellefteå in Schweden ist. Es riecht ein wenig modrig und chemisch hier, man denkt an Arsen und Quecksilber zur Goldgewinnung. Danach ist uns gar nicht. Wir fahren die E6 weiter in südlicher Richtung.

Die Vegetation wechselt, wir befahren eine kilometerlange, baumarme Tundra, und die Straße zieht uns weiter auf empfindlich kalte Höhenzüge mit ganzjährig vereisten Seen. Vereinzelt sehen wir Gleitdrachen als kleine Punkte am Horizont. Bald darauf geht es wieder ins Tal, die Nadelbäume kehren zurück, es wird grüner. Ab und zu sehen und riechen wir brennende Feuer. Die Nachfahren der Wikinger feiern die Sommersonnenwende. Selten machen wir Gruppen von mehr als einem Dutzend Leuten aus. Viele Feuer brennen einsam vor sich hin. Würden wir ein großes Sonnenwendfeuer inmitten einer Menschenmenge sehen, wir würden hinfahren und mitfeiern. Wir haben jedoch den Eindruck, die Menschen hier feiern lieber in kleiner Runde. Also reisen wir weiter. Auf dieser Strecke, die so einsam und derart karg ist, dass man kilometerweit sehen kann, hänge ich meinen Gedanken nach. Ein wenig melancholisch. Andrew hält sich manchmal weit hinter mir, ich sehe ihn nicht oft. Es wird ihm wohl ähnlich gehen. So erreichen wir Mosjøen, eine Stadt mit ca. 9.600 Einwohnern. Die Stadt liegt im Ende eines Talgebietes, zwischen zwei Bergen, in unmittelbarer Nähe des Vefsnfjords. Direkt an der E6 liegt das »Mosjøen Hotell«. Auf das Klingeln an der Tür erfolgt keine Reaktion. Wir hören das an- und abschwellende Heulen eines Staubsaugers. Nach energischer Klopfaktion erst mit einer und dann mit beiden Fäusten erstirbt das Staubsaugergeräusch und uns wird die malträtierte Tür geöffnet. Wir erstehen Einzelzimmer für umgerechnet 86 Euro pro Person, da wir spät kommen und die gastförmige Auslastung heute besonders hoch ist. Wir nicken verständnisvoll. Das kennen wir schon. Trotzdem ist alles gut.

Das Gepäck müssen wir allerdings per Muskelkraft in den ersten Stock wuchten, das Hotel hat keinen Aufzug. Die Bleibe ist einfach und sauber, TV und WLAN sind vorhanden und die Strahlkraft der Dusche ist exzellent. Insgesamt haben wir an diesem Tag 453 Kilometer zurückgelegt (Fähre eingerechnet). Ich schreibe noch ein paar Sätze ins Tagebuch und gleite über in das Land der Trolle, äh – Träume.

Trolle

Habe ich beim Steinmännchen nicht aufgepasst? Mir ist heute Morgen beim Frühstück wahrscheinlich ein böser Troll erschienen. Ich gebe Milch in den Kaffee und dieser flockt sofort aus. Kann ja mal passieren, denke ich und reklamiere die Milch bei der Servicekraft. Die Dame sieht mich entgeistert an und erklärt mir, dass Buttermilch (norw: Kjernemelk) nicht in den Kaffee gehört. Der Frühstücksraum ist gut besucht und alles starrt mich an. Das war mir peinlich! Ach ja, so freundlich die Norweger auch sind, wenn sie einen Raum betreten, grüßen sie nur ihre Freunde und Bekannten. Anscheinend ist es unüblich, einen Gruß in die Runde zu werfen. Mir fällt ein Satz ein, den ich in einer Reisebeschreibung über unsere nördlichen Nachbarn gelesen habe: »Es ist gängig, sich mit dem Vornamen anzusprechen, dennoch wahrt der Norweger zu fremden Personen eine gewisse Distanz.« Scheint etwas dran zu sein. Vielleicht lässt man dem fremden Trolltrottel auch einfach seine Ruhe.

Mosjøen war im Mittelalter eine sogenannte Stapelstadt, besaß also das Recht, von durchfahrenden Händlern zu verlangen, dass sie hier eine Weile bleiben und ihre Ware abluden, also stapelten und anboten. Mit dem sogenannten Stapelgeld konnten sich die Kaufleute dieser Pflicht entziehen. Daran muss ich denken, als wir auf die neue und vollautomatische Mautstation der E6 hingewiesen werden. Ah ja.

Harley gesattelt, Platz nehmen, Startknopf drücken und wieder geht es auf die E6. Erst einmal in die entgegengesetzte Richtung, denn da soll irgendwo eine Tankstelle sein. Tatsächlich! Meine Harley stottert schon, ich lege den Benzinhahn in Reservestellung um. Umgerechnet 25 Euro bekommt die Firma Shell im Austausch gegen leichtes Superbenzin von mir. Wie so oft in Skandinavien wird auch hier nur eine Zapfsäule für die verschiedenen Petrolprodukte verwendet. Die Zapfpistole wird in den Tank gehängt und der entsprechende Knopf an der Zapfsäule gedrückt, in unserem Fall ist das Benzin mit 95 Oktan, daneben gibt es noch Knöpfe für versteuertes sowie steuerfreies Diesel. Auf keinen Fall sollte der Tourist mit Dieselfahrzeug das billigere »Diesel avgiftsfri« wählen, das der Landwirtschaft vorbehalten ist. Wer erwischt wird, zahlt horrende Strafen, das Zeug ist rot eingefärbt und behördlich leicht nachweisbar.

Wir schauen nochmal in die Karte. Trondheim heißt das nächste Ziel und befindet sich in 100 Kilometern Entfernung. Die Luft ist warm, die Sonne scheint. Frühmorgens ist die Lust auf dem Bike zu sitzen und zu fahren bei mir am größten und nimmt je nach

Wetter, Zeit, Anstrengung und Eintönigkeit der Landschaft ab. Kurz hinter Mosjøen gelangen wir an den Laxfoss. Nicht nur der beeindruckende Wasserfall ist sehenswert, hier können die Lachse beim Flussaufwärtsspringen beobachtet werden. Weiter südwärts geht es nur langsam voran. Das liegt am Verkehr auf der Straße, dieser ist spürbar stärker geworden. Das ewige Schleichen auf der Hauptverkehrsader macht mich ungerecht gegen die Landschaft. Auch an schönen Impressionen kann man sich sattsehen. Boshaft phantasiere ich auf meinem Motorrad, den Begriff »Wasser, umrahmt von schneebedeckten Bergen« nicht mehr zu verwenden, denn ein solches Panorama sehen wir jeden Tag. Ich werde ab jetzt dafür die Abkürzung WUVSB verwenden.

Ungefähr 100 Kilometer hinter Mosjøen verläuft die Grenze zwischen Nordnorwegen und Mittelnorwegen, hier sagt man »Nord-Tor« dazu. Als Nord-Norge wird in der Landessprache der nördlichste Landesteil Norwegens bezeichnet, der etwa ein Drittel des Landes umfasst. Trøndelag ist der Name der geografisch gegenüberliegenden Region und gehört

schon zu Mittelnorwegen. Wir passieren diesen Punkt auf der E6. Quer über die Straße gezimmert befindet sich ein stilisiertes Denkmal, das das Polarlicht (Nordlicht, Aurora borealis) darstellen soll. Wir haben leider niemals Nordlichter gesehen, dazu ist es im Juni zu hell. Ich stelle mir vor, Aurora borealis sei eine ansteckende Krankheit.

Als ich um eine ausgedehnte Kurve fahre, höre ich plötzlich ein wohlbekanntes, donnerndes Geräusch. Langsam tauchte eine Gestalt auf einer lauten Harley im Las-Vegas-Style vor mir auf. Wir haben Peter aus Bratislava wiedergefunden! Gemeinsam fahren wir einige Zeit durch Nord-Trøndelag. Bei Andrew leuchtet die Reservefunzel wieder auf: An der Esso-Tankstelle in Steinkjer wurde erneut Sprit geladen, meine Rechnung beträgt 28 Euro. Der obligatorische Kaffee wird hier von uns gesaugt. Ein Mitglied des Motorradclubs Mama's Boys MC aus Steinkjer gesellt sich zu uns. Wir bestaunten seine alte Harley-Davidson Flathead und er gibt uns einige Tipps für gute Motorradstrecken in Norwegen. Geraume Zeit später taucht noch ein Fahrer auf einer Harley-

Davidson Shovelhead auf, sowie ein französischer Liebhaber einer aufgemotzten Harley-Twin-Cam mit Wildwarner auf dem vorderen Fender. Scheint irgendwo ein Nest zu sein. Der Flathead-Rider nickt anerkennend, als er erfährt, dass wir vom Nordkap kommend die Westküste heruntergefahren sind. Es wird wieder Zeit, die Straße mit Gummi zu füttern. Ein Stückchen fahren wir noch gemeinsam, dann dreht Peter ab, sein Urlaub geht zur Neige, er muss langsam nach Südosten in Richtung Oslo aufbrechen.

Trondheim kommt in Sicht. Die Universitätsstadt ist mit etwa 176.000 Einwohnern nach Oslo und Bergen die drittgrößte Kommune Norwegens. Die Umgebung soll ein Lachsparadies für Angler sein. Damit haben wir nichts am Hut, äh, Helm. Trotzdem machen wir uns auf den Weg zum Hafen. Wenigstens einmal einen Blick auf die Metropole werfen. Die alten Lagerhäuser, die auf Pfählen im Flüsschen Nidelva stehen, sind schmuck anzuschauen. Unsere Eisenrösser können problem- und kostenlos im Zentrum geparkt werden. Wir staunen immer wieder über die Norweger, die ihre Fahrzeuge nicht abschließen und einfach weggehen. Ich kann allerdings nicht anders, ich muss die dicke Kette durch den Rahmen meiner Harley ziehen. So schlendern wir durch die Stadt, entlang der Hafenpromenade und wollen doch wieder heraus. Zu viele Menschen, zu viele Autos. Trondheim sehen und flüchten. Kurz hinter der Stadt hat uns die Ruhe wieder.

Wir fahren weiter auf der E6 und lassen die Motorräder rollen und rollen. Die nächsten Ziele sind klar: Trollstigen und Geiranger-Fjord. Das schaffen wir jedoch heute nicht mehr, das ist uns bewusst. Es fängt langsam wieder an zu nieseln. An vielen Naturschönheiten und touristischen Zielen fahren wir achtlos vorbei. Es geht nicht anders. Norwegen ist ein großes Land mit vielen Sehenswürdigkeiten, wir würden Jahre brauchen, um alles anzusehen. Hier wohnen nur 5 Mio. Menschen auf 385.000 qm^2, im Gegensatz zu Deutschland mit fast 82 Mio. Einwohnern auf 357.000 qm^2. Wie viel freier kann sich ein Mensch hier entfalten! Angesichts des Wetters falte ich mich wieder zusammen und die Regenkombi auseinander. Das Nieseln geht in einen mittelstarken Regen über und wir werden träge. Zeit für einen

Kaffee, in Oppdal sehen wir das Schild der YX-Tankstelle. Merkwürdiger Name, doch der Preis stimmt. Ich zahle umgerechnet 21 Euro für die staatliche Mineralölbrause. Nach fast 600 Kilometer heutiger Fahrt fangen wir an, eine Unterkunft zu suchen und finden tatsächlich ein Hinweisschild. Kreuzworträtsel: Hölzernes Obdach in Norwegen mit fünf Buchstaben? Hytta! Das PlusCamp Hageseter liegt fast direkt an der E6 in den Bergen von Dovre, 30 Kilometer nördlich von Dombås. Ein kleiner und schlammiger, manchmal überschwemmter Feldweg führt direkt zum Haupthaus. Hier ist absolut nichts los, also bleiben wir! 137 Euro kostet die rustikale Hütte Nr. 9, das macht 68 Euro pro Biker.

Handtücher und Bettzeug müssen mitgebracht werden. Selbstredend! TV, gute Dusche aber schwaches WLAN. Egal! Das Regenwetter samt feuchter Luft hier im Gebirge drückt auf das Gemüt. Besprechung. Die alte Hansestadt Bergen steht eigentlich auch auf unserer Besuchsliste, doch als wir hören, dass es die regenreichste Stadt des Landes sein soll, nehmen wir Abstand davon. Wer kann es uns verdenken? Wir sind hart im Nehmen, Masochisten sind wir nicht. Seit 15 Tagen fahren wir jetzt schon gemeinsam durch Skandinavien und beschließen kurzerhand, dass die Erkundung von Trollstigen und Geiranger-Fjord als abschließende Höhepunkte die Reise krönen sollen.

Über eine schöne Innenlandverbindung wollen wir danach die norwegische Hauptstadt anfahren und in drei Tagen die Fähre von Oslo nach Frederikshavn in Dänemark nehmen. Andrew recherchiert per Internet: Es gibt noch zwei verfügbare Einzelkabinen. Trotz schwacher WLAN-Verbindung klappt die Buchung der Nachtfähre. Uns bleiben noch drei schöne Tage in Norwegen, die gilt es zu nutzen. Ich wasche im Schnellverfahren einige Kleidungsstücke und verteile die nasse Pracht im Zimmer auf Heizung, Zimmertür und Schrankfläche. Noch rasch das Tagebuch mit Erlebnissen gefüttert und dann ab unter die Schlafbrille.

Scharfe Kurven

Um 6 Uhr klingelt der Wecker. Die Utensilien, die ich gestern noch ausgepackt habe, liegen wild im Zimmer verstreut herum. Jede einzelne Rippe der Heizung, die mit einem Kleidungsstück belegt worden war, wurde jetzt befreit. Die Sachen sind wieder trocken, aber zum Teil auch knüppelhart. Nun wird alles nach bewährter Pressmethode in die dafür vorgesehenen Plastiktüten verstaut. Geräusche aus dem Nebenraum verraten mir, dass Andrew ebenfalls wach ist. Ausgiebige Körperpflege im Bad, dazu der prüfende obligatorische Blick aus dem Fenster. Diesig, jedoch kein Regen. Gut! Sämtliche Habe verschwindet in den Packsäcken und ich begebe mich mit Andrew gegen 8 Uhr in den Frühstücksraum. Das Ambiente gleicht einer Jugendherberge mit Kioskausgabe. Ein freundliches Wort vom Herbergsvater erschallt, dann gibt es Bacon & Eggs auf Brot und dampfender Kaffee ergießt sich endlos in die Becher. Andrew empfiehlt für den heutigen Reiseabschnitt den leichten Regensakko. Wir gehen noch einmal grob die für heute geplante Tagesleistung durch, reinigen die Hütte, satteln auf und lenken direkt nach der Schlüsselübergabe unsere Harleys auf die E6 mit Kurs auf Dombås.

Nach ca. 30 Kilometer biegen wir auf die E136 ab in Richtung Åndalsnes. Jetzt geht es nordwestlich weiter, die Strecke zieht sich wie Kaugummi, wir werden aber mit üppigen Postkartenmotiven entschädigt. Sonne und leichtes Nieseln lösen sich ab, es lohnt nicht, die Regenbekleidung abzulegen. Hier im Westen soll der Himmel angeblich öfter seine Schleusen öffnen als im Landesinneren. Bestätigen möchten wir das nicht. Kurz vor Åndalsnes hätte ich fast die Abbiegung in Åkeshagen vergessen, die zum Trollstigen führt. Nach einigen Kilometern bemerke ich meinen Irrtum und wende. Wir befinden und jetzt auf der Provinzstraße RV63. Diese ist eine enge Asphaltlinie und bietet auf den ersten Kilometern schon mal einen kleinen Vorgeschmack auf die Freuden der Trollstigenbesteigung. Wir genießen förmlich die Anfahrt. Die vielen lahmen Reisebusse und dickschiffigen Wohnmobile leider auch. Tut uns Leid, wir müssen überholen, sonst sehen wir nichts mehr von der atemberaubenden Landschaft. Niemand macht Probleme. Nach 9 Kilometern beginnt der Anstieg.

Der Trollstigen (deutsch: Steige der Trolle) ist Teil der Provinzstraße 63 und führt vom Isterdal in elf Haarnadelkurven mit etwa zwölf Prozent Steigung hinauf zur Passhöhe. Dabei werden 405 Meter Höhendifferenz auf fast 5 Kilometer Strecke überwunden. Fabelhaft! Wir schalten einen Gang hoch und ziehen durch die Kurven. Statt Leitplanken, die ein gewisses Sicherheitsgefühl bieten würden, gibt es hier nur spitze Steine, die alle paar Meter in die schroffe Abhangkante eingelassen wurden. Gefährlich sieht das aus. Ob da schon mal jemand herunter gefallen ist? Die Straße ist sehr eng, manchmal nur einspurig, für zwei sich begegnende Reisebusse bedeutet eine Haarnadelkurve Millimeterarbeit, da geht dann eine Zeitlang nichts mehr. An Halt ist hier nicht zu denken. Deutsche Wohnmobilisten sind meist daran erkennbar, dass sie mit eingeschalteter Warnblinkleuchte viel zu weit vor der Kurve ängstlich den Pass blockieren; die Norweger ziehen dann hurtig an ihnen vorbei. Wir tun es ihnen nach! Ungefähr auf der Hälfte der Strecke fahren wir am Stigfossen vorbei, ein eindrucksvoll rauschender Wasserfall, der 320 Meter mit lautem Gebrüll in die Tiefe fällt. Natürlich werden wir im Vorbeifahren von der Gischt des Wasserfalls erwischt. Leider wurden 2005 einige charakteristische Kurven des Trollstigen entschärft. Uns kann es nicht waghalsig genug sein, wir nehmen mit unseren Böcken auch nicht so viel Platz weg. Oben angelangt, stellen wir unsere Harleys auf die Seitenständer und erkunden die Touristenfallen. Das macht jeder hier. Eine Wanderung bietet sich an, von einigen hundert Metern über Holzplanken zu Utsikten, einem Aussichtspunkt, von dem aus der gesamte Verlauf des Trollstigen überblickt werden kann. Die neue Aussichtsplattform ist erst vor einigen Tagen eingeweiht worden. Ein gelungenes Panorama von hier oben, man kann sogar Ausweichmanöver einzelner Verkehrsteilnehmer erkennen. Ab und zu zieht ein Motorrad durch die Spitzkehren. In Österreich wird Geld dafür genommen, hier nicht! Ich sehe eine kleine

Felseinbuchtung, dahinter liegt ewiger Schnee. Die Sonne kommt hier niemals hin. Im Juni einen Schneeball werfen, wer kann das schon? Ich möchte noch ein paar Ansichtskarten und Briefmarken, Kaffee und Kuchen gegen harte norwegische Währung eintauschen. Das Kiosk entpuppt sich jedoch als gnadenlose Geldverbrennungsanlage. Wäre ich norwegischer Fremdenverkehrsminister, würde ich den Leuten erklären: »Wir verkaufen hier eine Philosophie, die Natur gibt es gratis dazu!«

Frage: »Ein Yamaha-Motorrad und eine Kawasaki fallen den Trollstigen hinunter. Welches Bike kommt zuerst unten an?« Antwort: »Egal, Hauptsache kaputt!«

Die Trolle. In Norwegen wird man stets mit Trollen konfrontiert. Wir fahren jetzt schon viele Tage durch dieses Land und die unberührte Natur erinnert uns an die Geschichten und Märchen unserer Kindheit. Vielleicht liegt es auch an der langen Zeit, die wir allein (also jeder für sich) auf unseren Motorrädern sitzend und sinnierend verbringen. Da kann ich mir irgendwie vorstellen, dass in diesen riesigen Wäldern Trolle leben. Wie die Gestalten der hiesigen Wälder aussehen, weiß in Norwegen jedes Kind, denn in vergangenen Zeiten hielt der Maler Theodor Kittelsen aus Kragerø (der übrigens in München studierte) die Sagengestalten in seinen Werken fest. Die Trolle sind unermesslich reich und horten Gold und Silber in ihren Verstecken. Sie rauben kleine Kinder. Das erinnert ein wenig an die keltischen Leprechauns und Hobgoblins. Vielleicht haben sie eine gemeinsame Geschichte? Sie alle benötigen den Schutz der Dunkelheit. Im Sonnenlicht erstarren sie zu Stein oder verlieren ihr Leben. Wenn Trolle böse werden, kann das fürchterliche Folgen haben. Daher ist es für die Bewohner der Wälder überaus wichtig, mit den Trollen gut auszukommen und sie nicht zu verärgern. Wir wollen das auch nicht, da wir es lieben, auf den schönen Naturstrecken Norwegens unterwegs zu sein. Also trollen wir uns.

Aufsitzen, starten, weiterfahren. Die Strecke ist noch nicht geschafft! Vom Parkplatz des Trollstigen ausgehend, geht es jetzt in entgegengesetzter Richtung knapp 68 Kilometer zum weltberühmten Geirangerfjord. Wieder auf der RV63 fahren wir 35 Kilometer nach Linge, um dann die Fähre nach Eidsdal zu nehmen. Die Straße wird für drei Kilometer unterbrochen durch den Storfjord. Beschaulich ist es hier, aber die Fährfahrt dauert nur ca. 25 Minuten und kostet den Motorradfahrer umgerechnet knapp 6 Euro. Wir können auf unseren Maschinen mit ausgeklappten Seitenständern sitzen bleiben. Die restlichen 25 Kilometer bis zur Aussichtsplattform über den Geirangerfjord führt über die Adlerstraße (norwegisch: Ørnevegen). Die letzten 8 Kilometer sind am eindrucksvollsten. Die Adlerstraße hat eine Steigung von bis zu 10 Prozent. Elf Serpentinen müssen wir bewältigen, das macht riesig Spaß. Danach geht es zur Aussichtsplattform, die jetzt leider nur eine leicht diesige Sicht auf den Fjord bietet.

Der 15 Kilometer lange Geirangerfjord ist die wohl bekannteste Wasserschlucht Norwegens und gehört zum Unesco-Weltnaturerbe. Am Ende des Fjords liegt der kleine und gleichnamige Ort Geiranger. Und was sehen wir da, als wir von der Plattform nach

unten schauen? Das Hurtigrutenschiff »Nordkapp«, das noch vor wenigen Tagen vor unseren Kojen im Marinehafen von Svolvær vor Anker lag. Mittlerweile füllt sich die Plattform, auch die Galeerenbesatzung des Postschiffs will die tolle Aussicht genießen. Bitte schön! Unsere Harleys werden bewundert: »Mutti, guck mal, der Mann kommt aus Darmstadt!« »Bad Offenbach, bitte!« »Bad Offenbach?« »Äh, nein. Neu-Isenburg.« »Ach so. Wir sind aus Hanau.« Kurze Unterhaltungen am Wegesrand entstehen: »Was? Bis zum Nordkap seid Ihr gefahren?« Und schon muss ich mir seine Galeerensträflingshurtigrutenerlebnisse anhören. Zum Glück hupt die Nordkapp jetzt mehrmals, damit alle Umstehenden das imposante Fjord-Echo hören können; mein Gesprächspartner bricht mit seiner Bagage eilig auf, um sich pünktlich zur Sklavenzählung auf der Galeere einzufinden. Wir fahren herunter in den kleinen Ort.

Die 300 Einheimischen leben fast ausschließlich vom Tourismus, es kommen neben der Hurtigrutenflotte jährlich über 100 Kreuzfahrtschiffe durch den Fjord und somit in Geiranger an. In der Ortschaft reiht sich ein Souvenirshop an den anderen. Zeit für einen Kaffee. Jetzt schauen wir uns das Panorama von unten aus dem Tal an. Es ist verdammt schön hier, wenn nur die vielen Touristen nicht wären. »Was sagst du, Andrew?« »Ach ja, wir sind ja auch nur Durchreisende. Aber wir haben jeden Meter Boden ehrlich abgefahren!«
Nach erfolgreicher Auftankung und der freundlichen Übergabe von 25 Euro meinerseits frage ich die hilfsbereite Servicekraft hinter der Kasse nach einer alternativen und reizvollen Reiseroute, da wir nicht die ganze Strecke nochmal retour fahren wollen. Sie

weiß Bescheid und rät uns dazu, die Fähre von Geiranger nach Hellesylt zu nehmen und von dort Richtung Stryn zu fahren. Klingt gut! Die Fähre wartet schon auf uns, für 33 Euro pro Motorrad nimmt sie uns mit. Wir vertauen die Harleys im Rumpf und suchen uns Sitzplätze auf dem Oberdeck. Leinen los!

Wo eben noch das Hurtigrutenschiff lag, da pflügt nun unser Fjorddampfer durch das Wasser und wir sehen jetzt die ganze Pracht der Wildschlucht von ganz unten. Eine Lautsprecherstimme erklingt an Bord und erzählt in mehreren Sprachen die Geschichte der Gegend und der Bewohner. An den steilen Abhängen des Fjords sind noch einige, heute allerdings verlassene, Bauernhöfe, teils in schwindelerregender Höhe, zu sehen, welche meist an vor Schnee- und Steinlawinen sicheren Orten erbaut wurden. Manche der heute teilweise restaurierten Gehöfte und Almhütten waren früher nur über Leitern zugänglich. Dennoch lohnte sich die Landwirtschaft damals in dieser Gegend, da durch das milde

Klima mit (im Sommer) fast 24 Stunden Sonneneinstrahlung am Fjord sogar südländische Früchte, wie Aprikosen, geerntet werden konnten. Einige Bauern an den Steilhängen mussten ihre Kinder anleinen, damit sie nicht herunterfielen. So die Legende.

Sehenswert sind die Wasserfälle »De syv søstre« (deutsch: »Die sieben Schwestern«), gegenüber die Katarakte »Freier« und »Brautschleier«. Klingt wie eine Geschichte aus »Grimms Märchen«: Der Sage nach will der Freier jede der sieben Schwestern nacheinander heiraten. Alle weisen jedoch sein Werben zurück. Daraufhin greift der Freier zur Flasche und wird zum Alkoholiker. Dieses spiegelt sich in der Ansicht des Wasserfalls nieder; der Mittelteil hat tatsächlich die Form einer Flasche.

Alkohol ist in Norwegen ungeheuer teuer. Hochprozentiges kann nur im staatlichen Laden, dem »Vinmonopol« gekauft werden. Norweger, die in Nähe der schwedischen Grenze leben, decken sich mitunter bei Einkäufen im Nachbarland mit Spirituosen ein. »Harrytur« wird das genannt (Harry bedeutet prollig). Es werden auch Fährfahrten nach Dänemark organisiert, bezeichnet als »Danskebåten«, auf denen der Alkohol in Strömen fließt. Es gibt Norweger, die ihren Schnaps daheim brennen, das wird »hjemmebrent« genannt. Übrigens trinkt man in Norwegen viel weniger reinen Alkohol als in Deutschland. Wir vermissen den Alkohol während der Tour nicht sehr und denken schon wieder an die nächste Kaffeefahrt. Nur noch ein wenig ausruhen im harten Stuhlwerk der Fähre und sich gemächlich dahintreiben lassen.

Die Sonne lacht den ganzen Tag und es fällt uns nicht leicht, das offene Deck des Schiffes zu verlassen, doch der Hafen von Hellesylt am malerischen Sunnylvsfjord wird jetzt angelaufen. Das war eine großartige und kulturell unterhaltsame Fjordreise mit dem Schiff für eine Handvoll Kronen. Norwegen ist nicht immer und nicht überall teuer. Bikes abtauen, aufsitzen, durchstarten. In wenigen Minuten haben wir wieder festen Boden unter den Reifen. Ich muss sofort anhalten, als ich das verfallene Grand Hotel am Hafen von Hellesylt sehe. Ein Haus wie aus einem alten Film von Alfred Hitchcock. »Sherlock Holmes Pub« steht auf dem verblichenen Schild, das traurig an der Giebelseite schaukelt. Schade, dass hier niemand mehr übernachten kann. Ich knipse ein paar Bilder zur Erinnerung.

Es geht weiter. Wir fahren die RV60 Richtung Stryn. Eigentlich ein umständlicher Umweg, falls wir jetzt direkt Richtung Oslo fahren möchten. Aber landschaftlich nicht zu toppen. Soll ich eher sagen: WUVSB? Noch ist es warm. Gegen 18 Uhr erreichen wir Stryn. Die Stadt hat ca. 3.000 Einwohner und liegt in einer der landschaftlich reizvollsten Gegenden Norwegens. Geprägt ist die Landschaft durch den Innvikfjord und den Jostedalsbreen, den größten

Gletscher des europäischen Festlandes. In der Nähe von Stryn befindet sich das Stryn Sommerskisenter, ein Gletscherskigebiet. Wir sind lieber luftbereift unterwegs und lenken unsere treuen Gefährte auf die RV15, Richtung Otta.

Es wird kühler. Und schon geht es wieder eine Anhöhe hinauf. Wir halten an einem Gebirgsbach und pausieren. Der Wind wird schneidiger, zum Glück regnet es nicht. Einige Straßenabschnitte sind im Bau befindlich, wir können den Schotter nur in Schrittgeschwindigkeit befahren. Und erneut geht es ab ins Tal. Kurvig ziehen wir eine Anhöhe hinauf, hier wohnt kein Mensch mehr. Ich gebe Gas. Andrew folgt. Wenn hier ein Polizist die Radarpistole zückt, haben wir Pech gehabt. Passiert aber nicht. Ein Tunnel kündigt sich an, ebenfalls im Bau. Es ist stockduster darinnen, ich kann kaum etwas erkennen, mein Scheinwerfer ist nicht korrekt eingestellt. Ich orientiere mich an Andrews Lichtkegel, der hinter mir aufglimmt. Zum Glück ist die Röhre nicht so lang, sind es 4 oder 5 Kilometer? Keine Ahnung. Es ist wieder einmal empfindlich kalt. Als wir aus dem Tunnel heraus kommen, befinden wir uns auf einer schneebedeckten Anhöhe. Brr! Bitterkalt zieht der Wind durch alle Ritzen. Kilometer um Kilometer kämpfen sich die Harleys vorwärts. Es geht ins Tal, wird wieder grün, die Temperatur steigt erneut und damit auch meine Laune. Ruhige seenartige Landschaften wechseln sich mit Gefällstrecken ab. Jetzt wird die Gegend flacher. Seit einiger Zeit läuft ein breiter Fluss neben uns her, die Otta. Sie ist ein 150 Kilometer langer wasserreicher Wildfluss. Wir kommen durch das landschaftlich schöne Hochtal Ottadal und sehen 15 Kilometer vor Lom ein Hinweisschild auf Knut Hamsuns Geburtshaus. Ich hätte mir gern die Ausstellung über den umstrittenen Literaturnobelpreisträger angesehen, an dessen Buch »Hunger« ich mich erinnere, aber es ist schon spät. Wenige Kilometer später erreichen wir die Stadt Otta und biegen auf die E6 ab, Richtung Süden. Die Europastraße ist zum Motorradfahren nicht so spektakulär angelegt wie die kleinen Reichsstraßen, dafür kommen wir gut vorwärts. In Kvam lockt die Beleuchtung einer großen Tankstelle zur Fütterung von Mensch und Maschine. 24 Euro umgerechnet zeigt die Zapfuhr und mein Tank ist wieder voll. Im Jahre 1612 wird ein schottisches Söldnerheer unter Captain George Sinclair durch die Schlacht bei Kringen von der Lokalbevölkerung gestoppt und wir stoppen nun vor dem »Vertshuset Sinclair« in Kvam. Das Gebäude ist nicht besonders schön, eher zweckmäßig. Wir wollen nicht weiter fahren und werden im angrenzenden Motel um Asyl für die Nacht bitten. Hundemüde stellen wir die Bikes auf dem großen Parkplatz ab. Der Preis erschreckt uns nicht mehr: Ca. 130 Euro kostet das Zimmer mit Frühstück am nächsten Morgen, wenn es beliebt. Ich schreibe einige Postkarten und sehe mir auf der Karte noch einmal unsere heutige Fahrleistung an. Geometrisch ausgedrückt sind wir heute ein großes »C« gefahren. Wir haben fast 500 Kilometer zurückgelegt. God natt!

Mitten in der Nacht schrecke ich aus einem Albtraum hoch: Jemand hat meine Harley geklaut! Ich stürze in die Klamotten und renne auf den Parkplatz. Die Harley steht genauso da, wie ich sie vorher verlassen habe, aber irgendein Penner hat eine Papiertüte mit Müll zwischen Sattel und Nummernschild geklemmt. Troll Dich, Idiot! Fluchend beseitige ich den Unrat, kontrolliere sämtliche Schlösser, rauche noch eine Zigarette und lege mich wieder schlafen.

Faule Jungs

Ein uralter Musikerwitz gibt Auskunft über die natürlichen Feinde des Berufsmusikers: Natur, frische Luft und das unerträgliche Gebrüll der Vögel am Morgen. An dieser Raststätte sind es die LKW, die ständig an- und abfahren. Das Gedröhne der Motoren ertrage ich nicht länger und stehe auf. Andrew ist auch schon wach. Wir sitzen inmitten der Trucker und frühstücken im Restaurant des Motels in Kvam. Nebenan füttert ein Kapitän der Landstraße den Geldspielautomaten mit Kronen und sich selbst mit Smørrebrød. Nervende Töne kommen aus dem Daddelgerät und peinigen unsere Ohren, aus dem Radio erklingt leise Countrymusik. Der Trucker beißt beherzt in seine leckere Brotzeit. Es gibt einen großen Unterschied zwischen belegten Broten in Deutschland und Norwegen. Bei uns halten zwei Brotscheiben den Inhalt zusammen. Wir nennen das auch Klappstulle. Der Norweger belegt nur eine Seite der Brotscheibe, und wenn er mehrere einseitig belegte Brotscheiben übereinander stapeln möchte, so kommt das »Mellomleggspapir« ins Spiel. Das ist ein Zwischenlegepapier aus dünnem Pergament in Postkartengröße, das haargenau auf eine Brotscheibe mit Belag passt und verhindert, dass die gestapelten Brotscheiben aneinander kleben.

Es ist gemütlich hier. Man könnte meinen, wir befänden uns auf der Raststätte Berfa bei Alsfeld (West) auf der A5 in Hessen. Wir ziehen uns zurück und widmen uns – jeder für sich – unserem Packritual. Mittlerweile kann ich mein Gepäck mit verbundenen Augen ein- und ausräumen. Die Bikes werden aufgetakelt, die Spanngurte routiniert festgezurrt. Das geht von Tag zu Tag schneller. Nochmal zurück ins Zimmer. Nichts vergessen? Der prüfende Rundblick durch die Räumlichkeit. Tür absperren, Zimmerschlüssel abgeben, Motorrad entsichern, Jacke fest schließen, Sturmhaube über das Gesicht streifen, Helm aufziehen, Handschuhe anlegen, Seitenständer einklappen, Gang einlegen, Zündung aktivieren, Startknopf drücken, Gas geben, Füße auf die Trittbretter stellen und los geht es!

Wir befinden uns 93 Kilometer vor Lillehammer und 280 Kilometer trennen uns noch von Oslo, der norwegischen Hauptstadt. Das Wetter ist sonnig und warm, es regnet nicht. Der Verkehr auf der E6 hat jetzt deutlich zugenommen, viele LKW fahren ebenfalls Richtung Süden. Trucks, Geschwindigkeitsbegrenzungen und Baustellen reduzieren unsere Reisegeschwindigkeit, mehr als 60 km/h sind momentan nicht drin. Durch Ortschaften geht es noch langsamer. Wir fahren duch Vinstra, Harpefoss, Hundorp und gelangen nach Ringebu, Die Stabkirche im Ort ist eine der 28 noch existierenden Stabkirchen in Norwegen. Leider haben wir vergessen, sie zu besuchen. Stabkirchen bestehen aus Holzstabkonstruktionen, die in heidnischer Zeit, während des Übergangs zum Christentum, meist im 12. und 13. Jahrhundert gebaut wurden. Weiter geht es nach Fåvang, der Geburtsstadt des norwegischen Folk-Sängers Finn Kalvik, der 1981 den Eurovision Song Contest für sein Land bestreiten durfte. Mit seinem selbstgeschriebenen Folksong »Aldri i Livet« landete er allerdings auf dem letzten Platz mit null Punkten. Als ebenfalls formatuntauglicher Musiker imponiert mir das, richtige Musik findet woanders statt und Massengedudel gefällt mir sowieso nicht.

Kurz vor Lillehammer fährt ein Schwertransport, der von keinem Verkehrsteilnehmer überholt wird. Uns fällt auf, dass die Norweger völlig relaxt damit umgehen. Niemand drängelt, kaum jemand überholt auf gerader Strecke und in unübersichtlichen Kurven schon gar nicht. Alle fahren mit Respekt und Abstand. Bei uns ist der Respekt vor der Natur größer, wir wollen auch die Aussicht frontal genießen und nicht ständig auf das Heck eines Tunnelbaggers starren müssen. Nach gefühlten 30 Minuten reicht es uns, wir überholen das Monstrum. Niemand tut es uns gleich. Aber es beschwert sich auch keiner.

Wir kommen durch Lillehammer, am Nordufer des Mjøsa-Sees im Gebirgstal Gudbrandsdalen gelegen. 1994 fanden hier die Olympischen Winterspiele statt. Aus der Ferne sehen wir die Lysgårds-Schanze der Skispringer. Die Stadt hat ca. 26.800 Einwohner, wir merken das, der Verkehr wird dichter. Wir passieren die 1421m lange Mjøsbrua, (Mjøsa-Brücke), die über den gleichnamigen Mjøsa-See führt. Der See ist 449 Meter tief, das bedeutet, dass sich der Grund des Sees 330 Meter unter Meeresniveau befindet. Damit ist er deutlich tiefer als die Nordsee, die nur eine durchschnittliche Tiefe von knapp 100 Metern hat. Die Landschaft ist jetzt mehr landwirtschaftlich geprägt. Da der Mjøsa-See ringförmig verläuft, begleitet er uns noch eine Weile auf der rechten Seite, fast bis zur Stadt Eidsvoll, das wir leider nur aus der Ferne sehen. 1814 wurde in Eidsvoll die erste norwegische Verfassung angenommen. Seitdem ist der 17. Mai Nationalfeiertag, der im Königreich Norwegen auch

Verfassungstag genannt wird. Die Feiern zum Festtag sind in unserer Zeit stark folkloristisch geworden und werden nicht militärisch zelebriert. Eine Tankstelle reißt mich aus meinen Gedanken. Kaffeezeit!

Ab Dal, etwa 60 Kilometer vor Oslo wird die E6 zur mehrspurigen Stadtautobahn und lässt höhere Geschwindigkeiten zu, teilweise bis zu 120 km/h. Das gibt es sonst im ganzen Land nicht. Über das Kamerasystem der automatischen Mautstationen können wir nichts aussagen. Passiert haben wir einige der unbemannten Kontrollstellen. Jeder Verkehrsteilnehmer wird erfasst. Die zuständige Firma Autopass.No empfiehlt zwar die Vorauszahlung mit Kreditkarte im Internet, nötig ist es nicht. Wer nicht anhält oder innerhalb von drei Werktagen bezahlt, erhält später eine Rechnung per Post ohne zusätzliche Gebühren an die Heimatadresse, die über das Kennzeichen ermittelt wird. Fahrzeughalter, die nicht in Norwegen registriert sind, werden über Euro Parking Collection (EPC) in London angeschrieben. Bei uns ist auch später nie etwas angekommen. Vielleicht liegt es auch wieder einmal daran, dass Motorräder das Kennzeichen am Heck tragen und von den

Kamerasystemen nicht erfasst werden können. Uns verwundert das eigentlich. Man baut doch keine teuren und hochmodernen Anlagen zur Verkehrsüberwachung und vergisst die Zweiradfahrer? Oder haben die Mautonkel gar ein Herz für Motorradfahrer? Wir wissen es nicht, werden es den Betreibern aber ganz bestimmt nicht erzählen.

Die Harley-Davidson Vertretung in Oslo ist so groß wie die Harley-Factory in Frankfurt und trägt offiziell den Namen »Lazy Boyz«. Das zweistöckige Gebäude liegt direkt an der E6 im Vorort Alna. So faul sind die Jungs dort aber gar nicht. Für mein Problem mit dem Scheinwerfer gibt es eine Lösung, der Werkstattmanager bittet mich, mein Krad auf den Prüfstand zu fahren. Der Parabolspiegel wird in Position gebracht und nach kurzer Diagnose ist klar, die Einstellschraube ist zu locker und das Prisma verdreht. Der Mechaniker stellt die korrekte Leuchtrichtung ein und zieht die Schraube fest. Als ich erwähne, dass wir am Nordkap waren und anschließend die Westküste bereisten, werden wir beglückwünscht. Sie sind fast beleidigt, als ich für den Service zahlen will. »Gute Reise!«, wünschte uns das Team auf Deutsch. Wir wollen uns aber noch mit Devotionalien eindecken und erwerben ein paar schmucke Harley-T-Shirts mit dem Rückenemblem aus Oslo. Und auch hier, wie zuvor in Tromsø, bekommen wir eine dieser runden Plaketten mit dem Firmenlogo, so groß wie ein Eineurostück, deren Bedeutung wir nicht kennen. Andrew entdeckt, dass an einer der Harleys, die draußen zum Verkauf stehen, jenes Teil auf dem runden Peilstab-Deckel des originalen Horseshoe-Öltanks prangt. Ist das die Lösung? Passt aber nicht bei mir, da mein Ölstopfen eine integrierte Temperaturanzeige auf dem Peilstab hat. Wenn ich Rumpaträ, meine schwedische Sitzhilfe, vor Wochen nicht achtlos weggeworfen hätte, würde ich es damit verzieren, so wie der Opa das mit seinem Krückstock gemacht hat.

Wir fahren in die Innenstadt. Oslo hat ca. 613.000 Einwohner. Gibt es noch kleinere Hauptstädte? Ja, zum Beispiel Reykjavík, Freetown, Vatikanstadt und Islamabad. Um nur einige zu nennen. Bis 1924 trug Norwegens Hauptstadt den Namen Christiania. 1925, erst zwanzig Jahre nach Eigenständigkeit Norwegens, wurde beschlossen, der Stadt wieder den alten Namen Oslo zu geben. Oslo bedeutet übersetzt sinngemäß: »Ebene der Götter«. »Leben wie Gott in Oslo«, klingt erst einmal merkwürdig. Wie wir später feststellen, ist der Lebensstandard in der Metropole extrem hoch. Götter leben hier ganz schön teuer!

Götterdämmerung

Es herrscht ein Verkehr wie in jeder anderen größeren europäischen Stadt. denn insgesamt leben im Osloer Ballungsraum rund 1,9 Millionen Menschen, mehr als ein Drittel der Bevölkerung Norwegens. Das Verkehrsleitsystem ist übersichtlich, wir fahren einfach mal den Schildern nach ins Zentrum. Direkt in der Rådhusgata, vor dem Café Skansen, einem schönen Bau mit Biergarten, stehen schon ein paar Motorräder. Wir reihen unsere Harleys ein und finden einen freien Tisch. Es ist warm, wir entledigen uns unserer Oberbekleidung und bestellen Kaffee, die Ersatzdroge der Reisenden.

Kaum Platz genommen, setzt ein sturzbachartiger Regen ein. Alle Gäste verlassen fluchtartig die Außenanlagen und wir ziehen hastig unsere Jacken wicder übcr und folgen den Flüchtigen in das Lokal. Im Wintergarten trommelt der Regen jetzt langsamer auf das Dach, wir schöpfen Hoffnung. Als sich aber das Wetter nach geraumer Zeit nicht bessert, werden wir unruhig und verlassen trotzdem das Lokal. Ob es hier Möglichkeiten gibt, bezahlbar preiswert unterzukommen? Laut »The Economist« hat Oslo seit 2006 Tokio als die weltweit teuerste Stadt abgelöst. Keine gute Voraussichten, um eine bezahlbare Herberge zu finden. Wir klappern die Hotels der Umgebung zu Fuß ab. In der Innenstadt sind die vakanten Hotels sehr, sehr teuer und die preisgünstigeren Quartiere sind natürlich ausgebucht. Damit haben wir nicht gerechnet, ein wenig Enttäuschung macht sich breit. Wir beschließen, vorerst aus der Innenstadt herauszufahren.

Meine Harley ist momentan sparsam, nur aus Frust vor dem Wetter werden wir von dem bekannten Gelbton einer Shelltanke angezogen. Na, wenn wir schon einmal hier sind. Beim Auftanken für 14 Euro erspähe ich einen automatischen elektronischen Reifendruckservice. Vorn 2,4, hinten 2,5 (unbeladen) oder 2,6 (beladen) sind die pneumatischen Bar-Werte der Harley-Reifen. Ich benutze eine Eselsbrücke, um mir die Zahlen zu merken: Die Weihnachtstage des 24., 25. und 26. Dezember. Und zum wiederholten Male kann ich nicht an der wunderbaren Kaffeestation vorbeischlendern, ohne einen köstlichen Latte macchiato mit Irish Coffee Cream zu ziehen. Ob Shell da irgendein Präparat beimischt, das süchtig macht? Ich denke an den schwedischen Drogenhund, der uns damals bei der Einreise ignorierte und verscheuche den Gedanken. Der Becher ist leer, zurück in den Verkehr! Wir cruisen durch die warme Nachmittagsbrise. Der Regen wird schwächer und hört nach einiger Zeit ganz auf. Wie schnell das Wetter auch hier wechselt! Jetzt scheint wieder die Sonne und wir genießen die salzhaltige Luft an der Küste. Am Oslofjord, in Kolbotn, 15 Kilometer außerhalb der Hauptstadt, werden wir fündig. Das »Quality Hotel Mastemyr« liegt sehr ruhig und bietet uns Einzelzimmer zu 144 Euro pro Person an. Für Oslo ist das ein vortrefflich akzeptabler Preis und dazu können wir unsere Harleys nach Erlaubnis direkt vor dem Eingang parken. Da wir mit dem Aufzug ein paar Stockwerke zu unseren Räumen überwinden müssen, laden wir unser gesamtes Gepäck auf einen großen Rollwagen. Klappt prima! Zur Vervollständigung sei noch erwähnt, dass die Zimmer mit Badewanne, Dusche, Fön, TV, Doppelbett, Mini-Bar, WLAN und Bügelbrett ausgestattet sind. Das automatische Bügelbrett eignet sich hervorragend dazu, nasse Motorradklamotten zu trocknen. In einer gemütlichen Ecke des Hotelfoyers stehen 2 Computerterminals, die das Logo der Firma mit der angebissenen Baumfrucht tragen. Hier kann ich kostenlos und ohne Zeitbegrenzung im weltweiten Netz verweilen, meine elektronische Post bearbeiten und die Bilder meiner Kamera auslesen. Ich merke gar nicht, wie spät es geworden ist und auch in Oslo, zu dieser Jahreszeit, wird es nicht richtig dunkel. Ergo wird die Schlafbrille rausgeholt.

Keine Wolke zeigt sich am blauen Himmel, das Wetter ist heute bombastisch, unser letzter Tag in Norwegen bricht an. Ich fühle mich richtig gut ausgeschlafen und suche den Frühstücksraum auf. Später widme ich mich meinem Krad. Unter dem Rahmen schauen seit einiger Zeit Kabel und Bowdenzüge hervor, ein Kabelbinder hat sich verabschiedet, die Reparatur ist schnell erledigt. Bei dieser Gelegenheit füllte ich Motoröl nach. Andrew ist der Ansicht, dass die Harleys während der Tour nicht geputzt und schon gar nicht gewaschen werden dürfen. Mittlerweile überzieht eine dicke Patina aus schwedischem Kiefernharz, finnischem Tundrastaub und feinem Nordkapsand unsere Maschinen. Da lacht das Bikerherz! Wir befrachten den Gepäckwagen und beladen unsere Motorräder mit unseren Habseligkeiten.

Jetzt sind wir auf dem Weg zurück in die Innenstadt von Oslo. Unser Ziel ist der große Parkplatz vor dem Fährhafen der Stena-Linie. Dort angekommen, stellen wir beide Harleys auf einer für ein Auto markierten Fläche ab, ziehen dementsprechend auch nur ein Parkticket und befestigen es mit Gaffa-Tape am Tachometer meiner Harley. Bis jetzt sind wir ohne Parkautomaten ausgekommen, haben immer ein Plätzchen für unsere Schätzchen gefunden. Oslo ist anders. Da kostet schon mal ein Parkticket für 5 Stunden umgerechnet fast 17 Euro. Open-Air, selbstredend, nicht Parkhaus. Das Gepäck lassen wir auf den Bikes zurück, hier klaut ja keiner. Die sind ja alle stinkreich. Hoffen wir jedenfalls. Die Helme wollen wir nicht mitschleppen und schließen sie am Rahmen der Harleys an. Hoffentlich pinkelt kein Hund rein. Es ist fast 13 Uhr. Andrew und ich haben noch viel Zeit. Stadtbesichtigung? Die fängt genau hier an.

Wir drehen uns um und schauen auf das große ockerfarbene Gebäude der Fischhalle am Hafen, direkt vor dem Fähranleger. Jeden Monat werden dort rund 1 Million Kilo Fisch umgesetzt, das entspricht etwa 12.000 Tonnen pro Jahr. Der größte Fischmarkt Norwegens holt seine frischen Köstlichkeiten aus dem Meer, von denen landesweit allerdings nur 10 %

den Weg in die einheimischen Küchen finden. Der Rest wird exportiert. Norwegens Fischfang steht an vierter Stelle der Weltrangliste. Leider können wir die heiligen Hallen Neptuns nicht betreten und ich weiß auch nicht, ob dort Mindermengen verkauft werden. Sieht auch irgendwie doof aus, wenn eine Tonne Fisch auf der Harley transportiert werden muss.

Schon bei der Einfahrt nach Oslo fällt mir das markante, monumentale, rotbraune Rathaus Oslos auf. Es liegt fast direkt am Hafen am Fridtjof Nansens Plass. Der rechte der beiden Türme trägt eine riesengroße runde Uhr. So erfährt der Besucher nach einem Blick nach oben, was die Stunde schlägt. Praktisch! Das Rathaus beherbergt Stadtverwaltung und Sitz des Stadtrats. Eröffnet wurde es 1950, anlässlich der 900-Jahrfeier Oslos. Mir gefällt diese wuchtige Architektur. Hier findet alljährlich am 10. Dezember, dem Todestag des Schweden Alfred Nobel, die Verleihung des Friedensnobelpreises statt. Zu jeder vollen Stunde ertönt aus 49 Bronzeglocken unterschiedlicher Größe, die zwischen 14 und 4.000 kg wiegen, das Glockenspiel.

Vom Rathaus aus kommt man in wenigen Minuten wieder zum Hafen. Hier ist man nie weiter als zwanzig Minuten von der belebten Innenstadt entfernt, alles ist überschaubar. Wir schlendern den Kai entlang und schauen auf den Oslofjord. Der Hafen von Oslo ist der größte Seehafen Norwegens. Das war ja irgendwie klar. Wir sehen moderne und riesige Kreuzfahrtschiffe in trauter Eintracht neben uralten Segelschiffen, ollen Jollen, prächtigen Feuerschiffen und grauen Marinekreuzern liegen. Schiffe und Boote wohin man sieht. Irgendwie hat jeder Norweger mindestens ein Wassergefährt. Am Kai, zwischen den Booten und Schiffen, sitzen viele Angler. Sie strahlen eine solche Ruhe aus, dass wir uns nicht getrauen, sie danach zu fragen, welche Fische hier in welcher Menge gefangen werden.

Vom Hafen wiederum fällt der Blick auf die Festung Akershus. Sie liegt auf der Halbinsel Akersnes, ist 700 Jahre alt und hat eine bewegte militärische Geschichte hinter sich. Eine nach innen geformte hohe Mauer umgibt die Anlage, wie hoch mag die sein? Ich schätze mal so 10 Meter hoch. Ein Wachsoldat in einer alten Gardeuniform mit geschultertem Gewehr steht stocksteif vor seinem kleinen Wachhäuschen. Von hier oben können wir von der Südseite aus auf den Oslofjord schauen und bekommen von der Nordseite einen guten Ausblick über die City.

Zwischen Festung und Rathaus stehen ein paar große Bäume inmitten einer Grünfläche, hier wird gerade eine riesige Leinwand aufgebaut. »Public Viewing« heißt das jetzt überall, so auch hier in Oslo. Kein

Wunder, die deutsche Übersetzung »Öffentliches Sehen« hört sich bescheuert an. Alle Spiele der EM werden hier übertragen. Ach ja. Fußball. Das haben wir ganz vergessen, vermissen es aber nicht. Wir machen lieber »public viewing« in der Festung. Sie wird nach wie vor militärisch genutzt vom norwegische Verteidigungsministerium und dem nationalen Verteidigungsstab. Die norwegische Regierung nutzt Teile der Anlage zu Repräsentationszwecken. Wir passieren das Tor, denn das Gelände kann tagsüber besichtigt werden. So finden wir dort das norwegische Militärmuseum und das Norwegische Widerstandsmuseum untergebracht. In der Krypta der Schlosskirche, im Südflügel des Schlosses, befindet sich die letzte Ruhestätte der norwegischen Könige der Neuzeit. Im Garten des Schlosses können wir uns unsere müden Glieder ausstrecken und Dutzende von alten Kanonen bewundern.

Raus aus dem Bau. Nur ein paar Gehminuten von der Festung entfernt sehen wir uns die Osloer Oper von außen an. Sie ist eines der spektakulärsten Opernhäuser der Welt. Der Bau ist auch noch ganz neu, er steht dort erst seit dem Jahr 2008. Schneeweiß ist der Koloss, der auf Pfählen in die Bucht hinein gebaut wurde. Wie ein Eisberg sieht das Teil aus und ist wie dieser von mehr Wasser als Land umgeben. Offiziell heißt es, der Architekt habe bei der Planung an einen treibenden Eisberg gedacht und diese Idee für schlappe 520 Millionen Euro umgesetzt. Große Teile der Oper liegen 16 Meter unter dem Meeresspiegel. Durch Lage und Architektur kann man den Bau mit der Oper in Sydney vergleichen, der Große Saal soll der Semperoper in Dresden nachempfunden sein. Auch auf dem Dach des Opernhauses sollen Aufführrungen gezeigt werden. Der Zugang zum Dach des Operngebäudes ist für alle Besucher kostenlos. Leider verdeckt eine Baustelle den Fotografenwinkel. Ich bekomme bei Opernmusik immer bohrenden Hunger. Andrew auch. Schuld ist sicherlich Antonio Vivaldi mit seiner Oper »Le quattro stagioni«. Gibt es eigentlich eine norwegische Stockfisch-Serenade? Von Edvard Grieg, dem bekanntesten norwegischen Komponisten ist leider kein solches Thema überliefert.

Daher führt uns der Weg nochmal zum Hafen. Am späten Nachmittag landen wir bei strahlendem Sonnenschein in der Rådhusbrygge in einem sogenannten Sommer-Restaurant namens »Pappabuene« und lassen uns zur Feier unseres letzten Tages leckere Fischgerichte servieren. Ja, es ist teuer, aber Geld alleine schmeckt doch nicht!

Ein letzter Verdauungsspaziergang steht an. In der Straße »Nedre Slottsgate«, gar nicht weit entfernt vom Hafen, residiert ein Irish Pub namens »The Dubliner«. Dort gibt es ab und zu auch Live-Musik. Vielleicht schnappe ich mir eines Tages die Gitarre und marschiere da hinein. Heute mag ich nicht. Wir schlendern durch die Einkaufsmeile. Hier herrscht ein für Europa ungewöhnlich hohes Preisniveau.

Angesichts der Angebote fällt mir Edvard Munchs bekanntestes Bild ein: »Der Schrei«. Apropos: Einen Monat vor unserer Reise wurde das Bild des Norwegers Munch für ca. 120 Mio. US-Dollar verkauft. Das war der bis dahin höchste bei einer Auktion erzielte Preis für ein Kunstwerk. Das königliche Schloss sehen wir uns nicht an, wir haben leider keine Audienz bei Königin Sonja und König Harald erhalten. Die royale Bleibe liegt, gut abgeschirmt, im Schlosspark, keine fünfhundert Meter vom Hafen entfernt.

Zurück zu den Motorrädern. Alles ist noch vorhanden, auch unser »halbes« Parkticket wurde nicht bemängelt. Wir fahren in die naheliegende Einfahrt zum Fähranleger. Um 16:30 Uhr öffnet das Tor zum Kai. Die Tickets, die wir drei Tage vorher online orderten, werden uns nun übergeben. Wir stellen unsere Harleys direkt vor die Schranke an der Wasserkante. Um den Kindern der zahlreichen Familien, die sich ebenfalls mittlerweile eingefunden haben, die Zeit zu verkürzen, wird eine Hüpfburg aufgebaut. Für die Erwachsenen öffnet ein Kiosk mit Erfrischungen, daneben stehen Tische und Bänke. Wir beschlagnahmen ein ganze Bank für unsere müden Glieder, machen es uns gemütlich und warten auf die Fähre. Es ist sommerlich warm heute, eine leichte Brise weht, man kann es hier gut aushalten. Oslo ist eine total entspannte, überhaupt nicht hektische Stadt. Es hat rein gar nichts von einer Großstadt.

Nach einer guten Stunde wird es unruhig. Hafenarbeiter mit Schutzhelmen und orangefarbenen Westen wuseln durch die Gegend; die Fähre kommt. Mich erstaunt immer wieder, dass ein solch großer Pott zentimetergenau rückwärts einparken kann. Respekt! Die Fähre öffnet ihren Bauch und es dauert geschlagene dreißig Minuten, bis alle Fahrzeuge das Schiff verlassen haben. Wir zählen eine Menge Biker. Wo treibt es sie hin? Wir können es uns denken.

Ein Signal ertönt. Die Schranke öffnet sich, einer der Orangenen winkt uns zu. Wir starten unsere Motoren und fahren vorsichtig auf die Rampe zum Lademeister, der uns die Kradplätze zuweist. Nur drei Zweiräder sind diesmal auf der Fähre, außer uns noch ein norwegischer Biker auf einer vollverkleideten Yamaha. Motorrad auf dem Seitenständer abstellen und den ersten Gang einlegen. Die Sicherung geschieht wie immer per Haltegurt, der im Boden verankert wird. Diesmal wird zusätzlich das Hinterrad mit einem Haltebock gesichert, der auf Gleitschienen lagert. So etwas hatte ich vorher nie gesehen und es dauerte eine Weile, bis ich das System bei dem norwegischen Joghurtbecherfahrer abschauen kann. Zum Schluss wird der Gurt mittels Ratsche strammgezogen. Das Personal hilft dabei. Ein Hinweis: Selbst auf der kleinsten Inselfähre werden in

Skandinavien Gurte für Motorräder mitgeführt. Wer dennoch sicher gehen will, packt einen Spanngurt extra ein. Zum Thema Sicherheit: Ich habe namenlose orangefarbene Spanngute im Baumarkt gekauft. Sie tragen oberflächlich das GS- und das TÜV-Symbol. Jedoch: Eine mangelhafte Gurtschnalle lässt irgendwo unterwegs den Spanngurt durch den Klemmverschluss rutschen, das Gepäck verlagert während der Fahrt auf die Seite. Ich kann gottlob sofort reagieren und es ist glücklicherweise weiter nichts passiert. Im Nachhinein stellt sich heraus: Das Produkt ist gefälscht, bei ganz genauer Betrachtung fällt auf, das GS- und TÜV-Symbol nicht frei von Fehlern sind. Aber wer sieht da schon genauer hin? Ich werde es jetzt auf jeden Fall tun. Die Anzahl der Aufgriffe von Produktfälschungen durch den Zoll ist laut ZGR (Zentrale für gewerblichen Rechtschutz) seit 1995 von knapp 500 auf fast 24.000 im Jahr 2010 gestiegen.

Ich entnehme meinem Gepäck noch schnell ein paar Utensilien, vergesse dummerweise die Kamera in der Satteltasche und eile die Treppen hoch. Nach einigem Suchen finden wir unsere Kabinen und verabreden uns zu späterer Stunde auf dem Promenadendeck; wo immer das auch sei.

Kollege zur See

Ich befinde mich an Bord der MS Stena Saga aus Stockholm. Die Fähre, die zwischen Oslo in Norwegen und Frederikshavn in Dänemark pendelt, wurde 1981 erbaut, ist 166 Meter lang und 28 Meter breit. 2.000 Passagiere und 510 Kraftfahrzeuge finden im Innern des Schiffes Platz. An Bord befinden sich Einrichtungen, wie: Restaurant, Cafe, Showbar, Spa, Shop, Kino, Geldwechsel, Bowlingbahn, Kinderspielbereich und die unvermeidlich nervigen Daddelautomaten. WLAN ist ebenfalls verfügbar.

Eng und schmal ist meine Koje, dafür aber gemütlich. Es gibt jeweils ein Bett auf jeder Seite. Habe ich nicht eine Einzelkabine gebucht? Kurzes Nachdenken, dann werfe ich meine Klamotten auf die freie Liegestatt und nutze die andere Matratze zum Probeliegen. Weich aber bequem. Das Bullauge ist rechteckig. Darf wohl eher als Fenster bezeichnet werden. Nun gut. Das Bad ist noch kleiner als die Koje und besteht aus WC, Waschbecken und Dusche. Was will man mehr? Nach dem Auspacken meiner Utensilien verlasse ich den Raum und suche das Promenadendeck. Das Schiff bietet Decks für Raucher, für Nichtraucher, für Sonnenanbeter, für Windallergiker und so weiter. Mittlerweile war das Schiff von Menschen bevölkert, ich finde Andrew nicht und greife zum Mobiltelefon. Die Zivilisation hat uns wieder.

Draußen auf dem Mitteldeck steht Andrew und fotografiert zum letzten Mal Oslo von oben und das geschäftige Treiben unten am Boden. Horden von

Kraftfahrzeugen strömen immer noch in die Fähre hinein. Ich zweifle daran, dass sie hier alle reinpassen. Irgendwann ist der Platz leer und der Bauch der Fähre schließt sich wieder. Jetzt geht alles sehr schnell. Pfiffe und Kommandos ertönen, ein lautes Signalhorn erschallt und die Fähre legt stampfend ab. Im Hintergrund wird der Hafen von Oslo ganz langsam immer kleiner.

Uns zieht es ganz nach oben. Da gibt es noch ein Sonnendeck. Vorn am Bug befindet sich eine Bar, mit Bastmatten abgehängt, das Modell kommt mir bekannt vor, ich habe die Teile vor Jahrzehnten als Rollos in einem schwedischen Möbelhaus gekauft. Rumpaträ fällt mir wieder ein, das Holzteil würde sich hinter der Bar als Wandschmuck gut eignen.

Am Heck, direkt vor dem riesigen Schornstein der Fähre, ist eine Bühne aufgebaut. Zwei Lautsprecher, eine Lichtanlage, Mikroständer und eine bereits aufgestellte Konzertgitarre lassen hoffen, dass hier gleich etwas passiert. Wir holen Getränke von der Bar und setzen uns in zweiter Reihe vor die Bühne. Das Wetter zeigt sich von seiner besten Seite. Es ist warm, ein leichtes Lüftchen weht und die Aussicht vom Schiff auf die immer weiter sich entfernende Stadt ist traumhaft schön. Schade, dass wir schon fort müssen! Die Fähre tuckert mit sehr langsamer Geschwindigkeit durch den Oslofjord und wir sehen den Hort der Götter hinter uns immer kleiner werden. Die Fahrt geht an vielen kleinen Inseln vorbei. Manchmal winkt uns jemand.

Gegen 20 Uhr entert ein Mann mittleren Alters die Bühne und bereitet seinen Auftritt vor. Mich juckt es in den Fingern. Jeder Handgriff sitzt. Powermixer anschalten, Barhocker in Position bringen, Gitarre stimmen und einmal anschlagen, um zu prüfen ob der Sound stimmt. Ein Profi. Er räuspert sich, während er seinen Kopf kurz vom Mikrofon abwendet, begrüßt die Anwesenden in Landessprache und legt mit einigen spanischen Titeln los.

Angenehme Stimme, ausgewogener Ton, ein ambitionierter Gitarrist und ein guter Entertainer. Hängt sich eine Mundharmonika und den Hals und macht weiter. Spielt Sachen von Bob Dylan, Gordon Lightfoot, Musik aus Lateinamerika. Der sechste oder siebte Song lässt mich plötzlich aufhorchen: »Donegal Danny«, ein Folklied aus Irland. Nun ein Klassiker: »Dirty Old Town«. Das spielen viele Folksinger. Aber jetzt hat er mich erwischt: »Carrickfergus«, eines meiner Lieblingslieder aus Nordirland und er legt nach: «From Clare To Here«, in der Fassung von Ralph McTell. Ich breche vom Glauben ab und phantasiere, jeden Moment werde ich aufgefordert, die Bühne zu betreten, ich hätte jetzt genug Zeit vertrödelt. Blödsinn! Ich befinde mich im Urlaub. Gegen 21 Uhr kündigt der Troubadour eine kleine Pause an und ich komme mit ihm ins Gespräch. Er ist

Schwede und hat viele kleine Engagements in ganz Skandinavien. Wir fachsimpeln ein wenig, dann wird es wieder Zeit für ihn. Gegen 22 Uhr neigt sich das Konzert leider dem Ende zu. Ich hätte ihm gern noch weiter zugehört in dieser lauschigen Sommernacht.

An unserem Tisch sitzt eine Gruppe norwegischer Jugendlicher. Höflich bittet mich einer von ihnen auf Englisch um Feuer, an den Tischen im Oberdeck darf geraucht werden. Er fragt mich, woher ich komme, ich antworte und sein Gesicht hellt sich auf. Er wechselt ins Deutsche, das er gut beherrscht und erzählt, dass er mit seinen Freunden auf dem Weg nach Hamburg sei, um seine Sprachkenntnisse zu verbessern und Bier zu trinken. Ich versichere ihm, dass wäre doch bestimmt nicht nötig, sein Deutsch sei ausgezeichnet. Der junge Mann strahlt und erzählt, dass viele norwegische Schüler Deutsch als zweite Fremdsprache neben Englisch wählen. Dann will er unbedingt wissen, ob uns Norwegen gefällt. Wir bestätigen das durch heftiges Kopfnicken. Die Jungen johlen. Sie wollen wissen, was wir alles erlebt haben und geben anerkennend Laut, als wir vom Nordkap erzählen. Langsam leert sich das Oberdeck, wir haben gar nicht bemerkt, dass die Bar mittlerweile geschlossen ist. Die meisten Reisenden verziehen sich in das Schiffsinnere. Ohne dass ich es bisher wahrgenommen habe, vollzieht sich eine normalerweise völlig unspektakuläre Sache: Die Sonne geht unter! In der Ferne, auf den unzähligen Inselchen, sind schon vereinzelt kleine Lichter auszumachen. Dämmerung breitet sich aus. Ich rechne in Gedanken nach: Wir haben seit zwei Wochen keine Dunkelheit mehr gesehen. Ich rauche eine letzte Zigarette, Andrew verabschiedet sich und sucht seine Koje auf.

Es riecht nach Diesel hier oben auf Deck und das unermüdliche Stampfen des Motors bewegt die Fähre durch die jetzt breitere Fahrrinne. Über eine Länge von etwa 100 Kilometer Luftlinie in Süd-Nordrichtung gestreckt und gewunden bildet der Oslofjord die Einfahrt zur norwegischen Hauptstadt, die am nördlichen Ende des Fjords liegt. Wir sehen sie schon lange nicht mehr und fahren in südliche Richtung. Da geht der Oslofjord bei Langesund in den Skagerrak über.

Gegen Mitternacht verschwinde ich und suche meine Koje auf, krame mein Tagebuch hervor und halte die letzten Momente fest. Ich lege mich in die Horizontale und muss plötzlich lachen. Diese Fährpassage incl. Einzelkoje, Livekonzert und opulentem Frühstück kostet 189 Euro und ist damit günstiger als ein einfaches Hotelzimmer in der Innenstadt von Oslo. Verkehrte Welt im Hort der Götter. Schlafenszeit.

Um 6 Uhr bin ich wieder auf den Beinen, quäle mich in die enge Duschkabine und lasse mir das heiße Wasser minutenlang über den Körper laufen. Das tut gut, die Dusche bekommt eine Bestnote. Schnell werfe ich mich in die Klamotten und suche den Frühstücksraum auf Deck Acht auf. Zu meinem Erstaunen ist es noch recht leer, die meisten Passagiere schlafen wohl noch. Ein langes Büffet ist aufgebaut, ich weiß gar nicht, wo ich anfangen soll. Andrew erscheint, wir suchen uns ein gediegenes Plätzchen direkt am Fenster. Die Bacon & Eggs sind erstklassig, ebenso die vielen Sorten Knäckebrot. Doch leider erweist sich der von mir erwählte »Schokoladenpudding« als Leberpastete. Bäh! Draußen ist es hell, wir ziehen an der dänische Nordküste vorbei, irgendwo zwischen Skagen und Strandby. Ob die dänischen Fische Leberpastete mögen?

Ich schaue auf das Display meiner Kamera und lasse die Aufnahmen der letzten Tage Revue passieren. Schade, ein Panorama wie am Trollstigen werden wir ab jetzt nicht mehr geboten bekommen, ab Dänemark hat uns das platte Land wieder.

Eine letzte Zigarette auf dem Außendeck, Frederikshavn kommt in Sicht. Ich eile zur Kabine, packe meine Siebensachen und schließe mich dem Tross in Richtung der Autodecks an. Das Personal steht schon bereit und befreit die Kräder von den Gurtkrallen. Die Hinterradblockade wird ebenfalls gelöst. Es stinkt nach Abgasen, wir warten auf das Signal zur Ausfahrt. Wir waren gestern als Erstes auf der Fähre und fahren heute als letzte Passagiere auf unseren Maschinen von der Fähre herunter.

Richtung Süden

Helles Tageslicht empfängt uns, als wir unseren Weg aus dem Bauch der Fähre finden. Es ist frisch, doch die Sonne scheint. Wir folgen der endlosen Blechlawine und landen in wenigen Minuten auf der E45 in Richtung Süden. In Dänemark darf auf den Autobahnen im Schnitt 120 km/h schnell gefahren werden, nachdem die Motoren unser Harleys Betriebstemperatur erreichen, nutzen wir diese ungewohnte Beschleunigung auch aus. Knapp eintausend Kilometer trennen mich noch von meiner Heimat. Ich sehne mich nach meinem Zuhause und möchte auf direktem Weg heim. Andrew will unbedingt noch ein Wochenende auf dem Harley-Davidson Meeting am Edersee einlegen. Gegen 10 Uhr erreichen wir Skanderborg und müssen unsere Bikes auftanken. Ich zahle 27 Euro mit Kreditkarte,, der Sprit ist auch hier nicht billiger als bei den nördlichen Nachbarn. Interessiert schaut uns ein Trupp dänischer Biker zu. Sie haben sich hier an der Autobahntankstelle versammelt, um das schöne Wetter zu genießen und eine Ausfahrt zu unternehmen. Wir kommen ins Gespräch und einer der Biker fragt mich unvermittelt, was ich als Deutscher vom Euro halte. Ich erwidere, dass ich eine Stärkung der EU und somit ganz Europas für sinnvoll erachte und nach zehn Jahren gemeinsamer Währung durch alle Höhen und Tiefen der Euro eine stabile Währung sei und füge hinzu, dass sich auch Dänemark eines Tages der Europäischen Zentralbank anschließen wird. Er lacht, weil er mir nicht glaubt. Ich denke, er will einfach mal die ehrliche Meinung eines Menschen aus seinem Nachbarland hören, die nicht in den Zeitungen steht oder von Stammtischparolen durchsetzt ist.

Ohne Kontrolle passieren wir am frühen Nachmittag die unbesetzte deutsch-dänische Grenzstation, auch ein Vorteil der EU. Ein paar Kilometer hinter Flensburg auf der A7 verliere ich Andrew auf seiner roten Road King aus den Augen und sollte ihn nicht wiederfinden. Es herrscht viel Verkehr auf der Autobahn. Mach's gut, Kumpel, es war die bisher schönste Motorradtour meines Lebens!

In Hamburg ärgere ich mich über die obligatorische WC-Benutzungsgebühr an deutschen Raststätten, da ich somit genötigt werde, die irgendwo im Gepäck verschollene Eurowährung heraus zu kramen, freue mich darüber, dass ich Münzwerte wieder blind ertasten kann, statt wie in den skandinavischen Ländern umständlich die Zahlen beim Drehen der einzelnen Geldstücke abzulesen und als Tourist erkannt zu werden, fahre mein Gefährt an die Zapfsäule, fülle meinen bereits erneut leeren Tank mit Sprit der Klopfzahl 98 Oktan, das jetzt wieder Superbenzin heißt, bezahle an der Kasse die Tanksumme von 27 Euro, stelle fest, dass die Mineralölpreise in Deutschland, Norwegen, Schweden, Finnland und Dänemark nur unerheblich voneinander abweichen und ich mich ärgere, diese doofen Zahlen überhaupt ständig aufzulisten, fahre - ohne anzuhalten - weiter, erreiche gegen 17 Uhr die Raststätte Göttingen, tanke diesmal, ohne mir die Menge oder den Betrag der getankten Menge zu merken, finde es auch total doof, dass ich im gesamten Reisebuch unnütze Informationen wie meine Tanksummen aufgelistet habe und versichere mir hoch und heilig, das ich nichts auf der Welt mehr hasse als Schachtelsätze wie diesen.

Ein Pärchen auf einer Harley-Davidson Electra Glide mit finnischem Kennzeichen grüßt, ich erzähle ihnen, dass ich vor zwei Wochen in Rovaniemi war. Sie lachen und erwidern, sie seien auf dem Weg in den Süden, in Finnland sei es ihnen nun zu kalt. Sie werfen mir ein freundliches »Näkemiin!« (Auf Wiedersehen!) hinterher und verschwinden um die Ecke. Schade, ich hätte Ihnen gern noch von Riowani erzählt und ihnen zu Rumpaträ im Doppelpack geraten.

Und ein letztes Mal besteige ich mein Motorrad. In Gedanken zähle ich die letzten 250 Kilometer rückwärts, die mich von meiner Heimat trennen. Die Aufzeichnungen von Francesco Negri kommen mir in den Sinn, der 1664 der erste Tourist am Nordkap gewesen sein soll und der nach langer Reise in sein Tagebuch schrieb: »Hier, wo die Welt zu Ende ist, hört auch meine Sehnsucht auf und ich kehre zufrieden nach Hause zurück.«

Es wird Abend, als ich mich auf der Höhe von Frankfurt befinde. In zehn Minuten bin ich zuhause. Noch einmal werfe ich einen Blick zur Sonne, um zu sehen, wie sie im Westen eine Handbreit über dem Horizont steht und langsam versinkt.

Kilometerfresser

In der unteren Tabelle stehen nur ungefähre Werte, z. B. sind wir oft von der Route abgewichen, um uns die Gegend anzuschauen. Ca. 450 Kilometer der Gesamtleistung sind Fährverbindungen. Ab und zu sind wir auch mal ein paar Meter zu Fuß gegangen, wenn es nicht anders möglich war. Andrew hat einige Hundert Kilometer mehr als ich zurückgelegt, da sein Heimatort Kusterdingen weiter südlich liegt. Er hat die 8.000er Marke auf jeden Fall geknackt.

Strecke	**km**
Neu-Isenburg – Travemünde	580
Travemünde – Kopenhagen – Gränna	700
Gränna – Norrköping – Umeå – Rovaniemi	1500
Rovaniemi – Honningsvåg – Nordkap	760
Honningsvåg – Alta	210
Alta – Tromsø	330
Tromsø – Narvik	290
Narvik – Svolvær	260
Svolvær – Ramberg	100
Ramberg – Å – Moskenes – Bodø – Mosjøen	460
Mosjøen – Trondheim – Dombås	600
Dombås – Trollstigen – Geiranger – Kvam	500
Kvam – Oslo	300
Oslo – Frederikshavn	300
Frederikshavn – Neu-Isenburg	1010
Gesamtkilometerzahl	**7900**

Nostalgia

Ich fahre eine «Harley-Davidson FLSTN Heritage Softail Special«. Das Wort »Softail« steht für die Art der Hinterradfederung. Die beiden Federbeine sind, für das Auge nicht sichtbar, unter dem Getriebe verbaut, was dem Motorrad die tiefliegende Optik eines ungefederten Starrrahmens und dem Fahrer eine niedrige Sitzhöhe verpasst.

Die FLSTN ist mit 302 kg kein Leichtgewicht. Der Motor ist starr in den Rahmen geschraubt. Da der Evolution-Motor noch keinerlei Massenausgleich besaß, ist das Fahrerlebnis auf einer Evo-Softail durch stärkere Vibrationen geprägt. Diese können durchaus zu gelösten Schraubverbindungen führen. Die Lackierung ist dunkelgrün-grau (»2-tone mystique green/platinum silver«). Die Softail Special, die auch Nostalgia genannt wird, verfügt über zwei kleine, abschraubbare Satteltaschen aus Leder. Einige Originalteile wurden ausgetauscht, so lenke ich mein

Bike nicht mit dem originalen Buckhorn-Lenker, sondern mit einer 110 cm breiten Flyerbar, die jeweils an beiden Enden mit sogenannten Ochsenaugenblinkern versehen ist. Die notwendigen Kabel wurden in den Lenker verlegt. Die Bedienelemente und Griffe am Lenker sind verchromt. Eine Sissy-Bar wurde am Heck angebracht. Das bisherige Hinterrad aus Speichen wurde gegen ein Scheibenrad getauscht. Die originale Weißwand-Bereifung wurde jedoch beibehalten. Leistung: 41 kW (56 PS) bei 5.000 U/min. Das maximale Drehmoment beträgt 111 Nm bei 3.600 U/min. Bereifung vorn: MT90 B16 71H TL. Bereifung hinten: 130/90 B16 73H. Sitzhöhe: 65 cm, abgesenkt durch einen flachen LePera-Sattel.

Road King

Andrew fährt eine «Harley-Davidson FLHR Road King«. Sie ist ein schwergewichtiger Highway-Gleiter für entspanntes Reisen und wiegt 325 kg. Farben: Chrom und schwarz. Für den Fahrkomfort sorgen fernerhin zwei sichtbare luftunterstützten Federbeine am Hinterrad, sowie ein breiter Ledersitz.

Das Triebwerk ist in Gummielementen gelagert. Ein großes Windschild schützt den Fahrer vor Wetter und Insekten. Die Road King verfügt über zwei geräumige, wasserdichte sowie verschließbare Hartschalenkoffer. Das Bike wurde absichtlich im Stil der 60er Jahre erbaut. Leistung: 44 kW (60 PS) bei 5.000 U/min. Das maximale Drehmoment beträgt 102 Nm bei 3.000 U/min. Der Hersteller gibt die Höchstgeschwindigkeit mit 154 km/h an. Bereifung vorn: MT90 B16. Bereifung hinten: MT90 B16. Beides auf Alu-Guss-Räder. Sitzhöhe: 74 cm.

Gemeinsamkeiten: Unsere beiden Harleys sind fast gleichaltrig und stammen aus den Produktionsjahren 1995 und 1996. Voluminöse FL Fender decken die Reifen an Front und Heck ab. Beide Modelle haben einen 5-Gallonen-Tank, der ca. 19 Liter fasst. Angetrieben werden die beiden Boliden durch einen V2-Evolution-Motor, die beiden Zylinder haben 1338 ccm^2 Hubraum. Durch das große Drehmoment kann auch in niedrigen Drehzahlen im fünften Gang gefahren werden. Das sorgt für das typische Harley-Blubbern und den klassischen Potato-Sound. Die Kraftübertragung: Primärantrieb über Zahnriemen, Mehrscheibenkupplung im Ölbad, Fünfganggetriebe, Sekundärantrieb über Zahnriemen. Abschließend kann man sagen, unsere beiden Iron Ladies haben sich wunderbar gehalten. Viel Benzin wurde verfahren, der Motorölstand nach der Tour zeigte einen sparsamen Verbrauch an.

Far Away

All is done that may be done, I stand across the main
I´ll bet all my money there´s no way back again
A chance as good as any, I´m glad for what I´ve done
I stand across the water far away I´m on the run

I rose up right and early and the lights are dim and low
The breeze could tell you my tales while all the rivers flow
The good time I´ve had plenty in this race that I have run
I stand across the water far away I´m on the run

The breath of air is howling catch the waves as they roll out
Come sing a song of freedom, come sing it clear and loud
A long long time to travel since this journey had begun
I stand across the water far away I´m on the run

Far away the river flows forever on
The sun goes down and the waves roll back the tide
Yesterday is done and my time has come
Far away I´m on the run

Andreas »Andrew« Fridrich und Paddy Schmidt im dichten Nebel am Ziel vor dem berühmten Denkmal auf dem Nordkapfelsen. Infos über die Konzertlesung, das Hörbuch und die Bilder der Tour in Farbe und Hochauflösung gibt es auf der Internetseite von Paddy Goes To Holyhead - http://www.paddy.de

Clemens

Diese Geschichte hat mich betroffen gemacht: Der zweiundvierzigjährige Clemens Depping aus Berlin wird seit Juli 2012 am Nordkap vermisst. Ende Juni war er von Lichtenrade aus mit seinem Oldtimer (1969er Opel-B Kadett-Caravan, Kennzeichen: B-LU 569H) zu einer zweimonatigen Reise aufgebrochen, das nördlichste Ziel seiner Reise war das Nordkap. Von dort kam am 11. Juli 2012 das letzte Lebenszeichen per SMS. Einige Tage später wurde sein Fahrzeug auf dem Parkplatz der Nordkaphalle von der norwegischen Polizei sichergestellt. Bis heute ist nicht geklärt, wie und wohin Clemens verschwand. Die norwegische Polizei hat das äußerst schwierige Gelände um das Nordkap abgesucht und nichts gefunden. Es wird nun vermutet, dass Clemens ins Wasser gefallen ist. Zeugen werden gebeten, sich bei der Polizei zu melden.

Wer war um den 10. oder 11. Juli 2012 herum am Nordkap und kann ggf. Angaben machen? Wer hat evtl. Fotos gemacht? Wer kennt Leute, die im angegeben Zeitraum in Skandinavien waren und Clemens und sein auffälliges Auto vielleicht gesehen haben? Jeder Hinweis kann wichtig sein.

Eine Suchseite mit Hinweisen und Fotos findet sich hier: http://www.clemens-depping.de
und hier: facebook.com/clemens.depping
Hinweise werden ebenfalls erbeten an:
clemens.depping@gmx.de

Verschollen am Nordkap: Clemens Depping.

Errare Humanum Est

Irren ist menschlich. Kaum ist ein Buch erschienen, ist es auch schon wieder »veraltet«. Daher möchte ich hier nur meine kleinen Empfehlungen zu weiteren Verweisen abdrucken, die mir auf meiner Tour geholfen haben, bzw. für mich wichtig sind oder waren. Für den Inhalt der externen Quellen übernehme ich natürlich keine Verantwortung.

Mein Dank geht an: kusterdinger.de, auswaertiges-amt.de, ace-online.de, norwegen.no, sweden.se, finnland.de, denmark.dk, skandinavien.de, nordkapp.no, weltreise-light.de, www.bikersnews.de, bikerscorner.no, Andreas »Andrew« Fridrich, ACE Stuttgart, Stephanie »Doyle« Hartenbach, Ralph Motzer, Uwe »Uhu« Bender, Klaus »Steinenhausi« Krämer und Eva »Eve« Heilmann.

Ganz zum Schluss: Durch mehr als zwei Jahrzehnte auf den musikalischen Live-Bühnen dieser Welt habe ich mir musiktypische Berufskrankheiten eingefangen, z. B. Nacken- und Schulterschmerzen durch exzessiven Gebrauch der Gitarre, wie mein Orthopäde schmunzelnd meint. Diese Symptome sind während der Nordkap-Tour völlig abgeklungen. Ein Tipp für alle Krankenkassen: Spart Euch die teuren Therapie- und Heilungsversuche. Schickt Eure Patienten lieber auf eine Harley-Tour!

Dieses Werk ist auch als Hörbuch erhältlich. Sämtliche Infos dazu und die Fotos zur Reise sind verfügbar auf der Homepage www.paddy.de